Griechische Mythologie

Geschichten aus dem griechischen Pantheon

Adam Andino

Inhaltsverzeichnis

Einführung

Stell dir vor, du lebst in der Antike und musst dich in der Welt zurechtfinden. Es scheint, als ob alles darauf aus ist, dich zu töten und du hast keine Ahnung, warum. Die Lösung ist natürlich, eine Geschichte darüber zu erzählen. Das taten die alten Griechen auf eine Art und Weise, die so schön und kompliziert war, dass sie uns noch heute in ihren Bann zieht. Was heute als Mythologie bekannt ist, war für sie ihre Religion und die Grundlage ihrer Gesellschaft. Wer diese Geschichten erzählte, galt als von den Musen gesegnet. Die Geschichten, die sie erzählten, waren das Geflüster der Musen über die Abenteuer der Götter. Jede Erzählung lieferte Hinweise und Einblicke in das, was sich auf dem Olymp abspielte. Sie waren eine Quelle der Inspiration und Belehrung, boten Hoffnung, Verzweiflung, Warnungen, Erklärungen und ja, sogar Unterhaltung.

Die Geschichten aus dem antiken Griechenland waren Darstellungen verschiedener Aspekte der Menschheit und ihrer Wahrnehmung der Welt. Die Götter waren keine perfekten Wesen: Sie liebten, hassten und handelten wie Menschen. Sie waren göttliche Spiegel der menschlichen Sehnsüchte. Im Mittelpunkt der griechischen Mythologie standen zwölf Hauptgötter, wobei jeder Gott einen Aspekt der Natur repräsentierte. Es gab Götter des Donners, des Wassers, des Todes, des Lebens, der Fruchtbarkeit und viele mehr. Neben den zwölf olympischen Göttern glaubten die Griechen an zahlreiche andere Götter und beteten sie an. Ihre Philosophen (Platon, Sokrates, Aristoteles...) sind der Beweis für ihren Wunsch, Naturphänomene zu erforschen und zu erklären. Infolge dieses Wunsches, mit ihrer Umwelt eins zu werden und sie zu verstehen, entsprangen Dutzende von Göttern und Geistern ihrer Fantasie. Viele dieser Geschichten wurden mündlich überliefert, obwohl die Griechen später versuchten, sie in schriftlicher Form festzuhalten. Interessant ist, dass es in der griechischen Gesellschaft Menschen gab, die die Geschichten als übertriebene Unterhaltung betrachteten. Die große Mehrheit jedoch nahm die Geschichten in ihr tägliches Leben und ihren spirituellen Glauben auf. Man glaubte, dass atheistische oder agnostische Ansichten ein Sakrileg waren und dass Ungläubige von den Göttern schwer bestraft würden.

Religion war im antiken Griechenland eine zutiefst persönliche und alltägliche Aktivität. Kirche und Staat waren ein und dasselbe. Alle Aspekte des Lebens wurden von den Göttern beeinflusst, die regelmäßig in das Leben der Menschen eingriffen. Sie glaubten, dass die Götter ihre Verehrung liebten, forderten und erwiderten. Deshalb bauten sie Tempel und heilige Stätten, opferten Tiere und brachten Trankopfer dar (das ist das Ausschenken eines Getränks, in der Regel einer Form von Alkohol, als Opfergabe für ihre Götter). Feste, künstlerische Wettbewerbe und Sportveranstaltungen wurden genutzt, um die Götter zu ehren und ihre Gunst zu erlangen. Während dieser Veranstaltungen war der Krieg verboten und allen wurde sicheres Geleit gewährt. Viele Städte hatten Schutzgötter. So war zum Beispiel Athene der Schutzgott von Athen und Apollo der Schutzgott von Delphi. Es gab Orte, von denen man glaubte, dass sie eine tiefe spirituelle Verbindung zu den Göttern hatten. Daher wurden diese Orte von Königen und Bauern gleichermaßen besucht. Ihre Priester standen in hohem Ansehen und eine Reise dorthin galt als Pilgerfahrt.

Man glaubte, dass die Götter Vertreter in Form von Priestern, Orakeln und Dienern hatten. Die Griechen suchten diese Vertreter auf, um Riten durchzuführen und die Weisheit und das Kommando der Götter zu übertragen. Die Griechen glaubten, dass man mit Hilfe von Weissagungen in die Zukunft sehen kann. Die Eingeweide von geopferten Tieren - wie Schweinen, Ziegen, Schafen und Kühen - wurden oft untersucht, um die kommenden Ereignisse vorherzusagen. Das Geschlecht der Tiere war immer dasselbe wie das des Gottes, der angerufen oder geehrt wurde. Interessant ist, dass trotz der eingeschränkten Rolle der Frauen in der griechischen Gesellschaft auch sie Priesterinnen sein konnten. Ihre Auswahl hing jedoch von ihrer Jungfräulichkeit ab und davon, ob sie die Menopause hinter sich hatten. Während die Priester die Zeremonien durchführten, war der theologische Diskurs über die Götter Sache der städtischen Beamten.

Während viele Menschen öffentliche, formelle Gottesdienste abhielten, war die persönliche Anbetung für die alten Griechen genauso wichtig. Der Boden der Feuerstelle galt als heilig, und die Menschen brachten Geschenke, Weihrauch, Wein, Blumen und Speisen dar, um ihren gewählten Gott zu ehren. Wer die Mittel dazu hatte, brachte seine eigenen Tieropfer an persönlichen Orten dar. Es wurde geglaubt, dass die Befehle der Götter in regelmäßigen Gesprächen und im Verhalten der Tiere zu finden waren. Ganze Gruppen hatten Rituale, die nur ihnen bekannt waren, und man glaubte, dass die Durchführung dieser Rituale den Ausführenden besondere Gaben einbrachte. Rituale wurden zu verschiedenen Anlässen praktiziert, z. B. vor und während eines Krieges, beim Aufbruch zu einer Reise, bei Hochzeiten und bei der Volljährigkeit, um nur einige zu nennen.

Die Religion war ein wichtiger Bestandteil der griechischen Gesellschaft der Antike. Sie spiegelte sich in ihren täglichen Handlungen wider, mit denen sie ihre vielen Götter - insbesondere die zwölf Hauptgötter des Olymps - ehren und um Hilfe bitten wollten. Die Geschichten dieser Götter waren ein Leitfaden für die alten Griechen und eine Quelle der Faszination und Unterhaltung für die moderne Gesellschaft.

Kapitel 1: Die Götter des Olymps

Die zwölf Hauptgötter des griechischen Pantheons standen im Mittelpunkt der griechischen Mythologie. Man glaubte, dass diese Götter auf dem höchsten Berg Griechenlands wohnten: dem Berg Olymp. Es werden Geschichten über ihren Aufstieg zur Macht und ihre Beziehungen zu Sterblichen und Monstern erzählt. Die Götter segneten, verfluchten und schufen. Sie waren launisch und hatten die gleichen Wünsche und Gefühle wie die Menschen.

Obwohl in den meisten Geschichten nur von 12 olympischen Göttern die Rede ist, sind es in diesem Kapitel 14. Hades ist der 13.th Gott, der in dieser Liste enthalten ist, obwohl er eigentlich nicht als olympisch gilt. Hades wohnt nicht auf dem Olymp, sondern in der Unterwelt, deren Herrscher er ist. Der Grund dafür, dass hier 14th Götter aufgelistet sind, liegt darin, dass in einigen Geschichten Hestia als Olympierin genannt wird, während in anderen stattdessen Dionysos auftaucht.

An der Spitze der Olympier stand Zeus: Vater der Götter und Gott des Donners. Obwohl er das letzte Kind seiner Eltern (Rhea und Kronos) war, war Zeus der Erste unter den Göttern. Er wird oft so beschrieben, dass er einen Blitz in der rechten Hand hält, während in seiner linken ein Adler thront. Außerdem trägt er ein königliches Zepter. Manchmal wird Zeus mit einem riesigen Schild und einer Eichenlaubkrone dargestellt. Er hat einen stattlichen Bart und eine stattliche Figur und sieht aus wie ein Mann im Erwachsenenalter. Der Göttervater wird auch als Herr des Himmels und der Gerechtigkeit gesehen, der das Wetter, das Schicksal und das Königtum kontrolliert. Zeus galt auch als grimmiger Herrscher und Beschützer der Götter und Menschen. Er ist der Bruder von Hera, Demeter, Hades, Hestia und Poseidon und der Vater der übrigen olympischen Götter. Zeus erhielt die Herrschaft über den Himmel, nachdem er und seine Brüder Hades und Poseidon ausgelost worden waren.

Zeus ist auch mit Hera verheiratet. Allerdings gibt es viele Geschichten über seine Untreue ihr gegenüber. Es gibt viele Geschichten über Zeus, der viele verschiedene Formen annimmt, um sich mit Menschen und anderen übernatürlichen Wesen zu paaren. Seine Kinder, die von sterblichen Frauen geboren wurden, galten als Halbgötter. Diese Kinder vollbrachten später viele große Taten. Neben den Hauptgöttern und Halbgöttern, die er zeugte, hatte Zeus auch die Musen, die drei Grazien, die Göttinnen der Jahreszeiten und die Schicksalsgöttinnen. Seine ständige Untreue gegenüber Hera führte zu ständigem Zwist zwischen den beiden. Zeus unternahm oft große Anstrengungen, um seine amourösen Aktivitäten vor ihr zu verbergen.

Auch Zeus soll vor Hera sechs Frauen gehabt haben. Metis (die er später verschlang), Themis, Eurynome, seine andere Schwester Demeter, Mnemosyne und Leto. Diese Frauen gebaren ihm alle mächtige Kinder.

Die Menschen im antiken Griechenland verehrten und fürchteten Zeus und riefen ihn an, um ihre Häuser, Familien und ihren Besitz zu schützen. Zeus war allmächtig und konnte seinen Blitz vom Olymp schleudern, um die Schuldigen überall auf der Welt zu treffen. Sein Stolz und seine Gefühllosigkeit veranlassten Hera und einige andere Götter, eine kurzlebige Rebellion gegen ihn anzuführen. Zeus' Strafe für die Dissidenten war schnell und brutal.

Hera

Hera ist als Königin der Götter bekannt und wird mit der Ehe, den Frauen und der Fruchtbarkeit in Verbindung gebracht. Sie wird oft als bescheiden, matronenhaft, schön und feierlich dargestellt. Die Kuh, der Kuckuck und der Pfau gelten ihr als heilig. Hera wird normalerweise angerufen, um Frauen und Kindern zu helfen und sie zu schützen. Ihr Schutz erstreckt sich besonders auf Frauen im Wochenbett. Interessanterweise glauben Gelehrte, dass ihr wahrer Name unbekannt ist, denn "Hera" wird mit "Dame" oder "Herrin" übersetzt. Obwohl sie die Mutter der Götter ist, wird Hera manchmal als Jungfrau bezeichnet. Der Grund dafür ist der Glaube, dass sie ihre Jungfräulichkeit jährlich durch ein Bad in einer Quelle wiederherstellt.

Ihre Heirat mit ihrem jüngsten Bruder kam durch eine List zustande. Es wird erzählt, dass Zeus sich in einen verletzten Kuckuck verwandelte und sich ihr präsentierte. Heras große Tierliebe veranlasste sie dazu, das "Tier" aufzuheben und es an ihre Brust zu drücken, um es zu wärmen. Zeus nahm daraufhin wieder seine wahre Gestalt an und schlief mit ihr. Hera, die sich schämte, weil sie betrogen worden war, willigte ein, ihn zu heiraten. Obwohl ihre Ehe so begann, war Hera ihrem Mann sehr treu. Sie war extrem eifersüchtig und bestrafte sowohl die Frauen, denen Zeus den Hof machte, als auch alle Kinder, die aus seiner Untreue hervorgingen. Man erzählt sich viele Geschichten, in denen sie ihm auflauerte und ihn verfolgte, um ihn beim Fremdgehen zu erwischen. Während Zeus sich frei fühlte, mit anderen zu verkehren, bestrafte er jeden, der versuchte, eine intime Beziehung mit Hera einzugehen. Deshalb wurde sie trotz ihrer großen Schönheit von niemandem außer ihrem Mann umworben.

Hera wird oft als eine starke Persönlichkeit dargestellt. Sie hat keine Angst, sich gegen ihren Mann zu stellen. Tatsächlich verschwor sie sich mit Poseidon, Athene und einigen anderen Göttern, um Zeus zu betäuben und seinen Blitz zu stehlen. Zur Strafe wurde sie mit goldenen Ketten an den Himmel gehängt, bis sie versprach, sich nie wieder gegen Zeus aufzulehnen.

Hera soll mit ihrem Mann vor allem vier Kinder gezeugt haben: Ares, Hephaistos, Eileithyia und Hebe. Die Zahl variiert jedoch je nach Geschichte zwischen drei und zehn.

Demeter

Demeter galt als die Göttin der Landwirtschaft. Sie wurde auch als Göttin der Unterwelt, der Geburt, der Gesundheit und der Ehe angesehen. Ihr Name zeigt, dass sie als Mutterfigur angesehen wurde. Der Wechsel der Jahreszeiten wird auf ihre Gefühle für Persephone, die Tochter von Zeus, zurückgeführt. Es wird erzählt, dass ihre Tochter von Hades entführt und in die Unterwelt gebracht wurde. Als Demeter das erfährt, macht sie sich auf die Suche nach ihrer Tochter. Ihr Kummer war so groß, dass das Land unfruchtbar wurde. Zeus griff schließlich ein, als die Menschen litten und um Hilfe riefen, während ihre Ernten starben. In der Zwischenzeit aß Persephone einige Granatapfelkerne, die ihr von Hades gegeben wurden. Dadurch musste sie die Hälfte des Jahres mit Demeter und die andere Hälfte mit Hades in der Unterwelt verbringen. Frühling und Sommer sollen Demeters Freude darüber widerspiegeln, dass sie ihre Tochter bei sich hat, während Herbst und Winter ihre Trauer über die Zeit zeigen, in der ihre Tochter in der Unterwelt gefangen ist.

Demeter wird gewöhnlich als bescheiden, matronenhaft und königlich dargestellt. Sie hat ein Füllhorn in der Hand und trägt eine Krone aus Blumen. Manchmal wird sie zusammen mit ihrer Tochter in einem Streitwagen dargestellt. Beide tragen Weizen, Ähren, Zepter und Fackeln. Das Fest Thesmophoria ist ein Fest zu Ehren der Frau. Ihr wird auch zugeschrieben, dass sie den Männern den Anbau und die Verwendung von Mais beigebracht hat. Zwei Tiere, die ihr heilig sind, sind die Schlange und das Schwein.

Obwohl Demeter die Gemahlin von Zeus ist, soll sie auch andere Liebhaber gehabt und ihnen Kinder geboren haben.

Poseidon

Poseidon ist allgemein als der Gott des Meeres bekannt. Er wurde auch als Gott der Pferde und der Erdbeben angesehen. Poseidon galt als gewalttätig, temperamentvoll, gierig, rachsüchtig und heißblütig. Poseidon wird als Zeus ähnelnd und mit einem Dreizack abgebildet. Sein Schrei ist so laut wie der von zehntausend Männern. Außerdem reitet er auf einem von Pferden gezogenen Wagen. Poseidon ist auch lüstern und brauchte nicht immer die Zustimmung der Frauen, die er begehrte. Wie Zeus wechselte er seine Gestalt, um sie zu verführen oder sie mit Gewalt zu erobern. Trotz seiner vielen Tändeleien war er mit Amphitrite verheiratet, einer Ozeanidin (einer Meeresnymphe).

Poseidons Wesen brachte ihn oft in Konflikt mit Göttern und Menschen. Er war Teil der Rebellion gegen Zeus und wurde geschickt, um Laomedon, einem trojanischen König, zu dienen. Außerdem stritt er mit Athene um den Besitz von Athen. Sie hatten die Aufgabe, der Stadt Athen ein Geschenk zu machen, und derjenige, dessen Geschenk als das beste angesehen wurde, sollte die Stadt besitzen. Poseidon schlug mit seinem Dreizack auf den Boden und schuf einen Bach, während Athene einen Olivenbaum schuf. Athene gewann den Wettbewerb.

Die Seeleute verehrten ihn und warben um seine Gunst, bevor sie in See stachen. Poseidon soll in der Lage sein, Erdbeben zu erzeugen, indem er seinen Dreizack auf den Boden schlägt. Dieser Aspekt seines Wesens verband ihn mit dem Land, obwohl er ein Gott des Meeres war. Er soll einen Palast aus Korallen und Edelsteinen auf dem Meeresgrund haben. Poseidon zeugte auch viele Pferde mit verschiedenen Frauen.

Hestia

Hestia ist die älteste der Olympierinnen und die Göttin des Herdes. Im Gegensatz zu ihren temperamentvolleren Geschwistern gilt sie als reinherzig und friedlich. Ihre Aufgabe war es, auf dem Olymp zu bleiben und das Feuer zu hüten. Wie ihre Schwestern wird sie als matronenhaft und bescheiden dargestellt. Auch sie wird oft mit einem Schleier und einem Stab dargestellt. Meistens wird sie mit Blumen in der Hand oder in der Nähe eines Feuers abgebildet. Ihr Status als Göttin des Herdes bedeutete dessen Bedeutung in der griechischen Kultur. Sie wird mit Gastfreundschaft, Glück und Gemeinschaft in Verbindung gebracht und erhielt die ersten und besten aller Opfergaben. Ihr werden zu Beginn und am Ende jeder Mahlzeit Opfergaben dargebracht und das Feuer musste ihr zu Ehren rituell gelöscht werden.

Hestia wurde als jungfräuliche Göttin verehrt. Es wird erzählt, dass sowohl Poseidon als auch Apollo sie heiraten wollten. Um den Frieden im Olymp zu wahren, legte sie ihre Hand auf Zeus' Kopf und schwor, für immer Jungfrau zu bleiben. Hestia wird im Pantheon oft durch Dionysos ersetzt.

Aphrodite

Aphrodite ist bekannt als die Göttin der Liebe, der ewigen Jugend und der Schönheit. Es gibt widersprüchliche Geschichten darüber, ob sie die Tante oder die Schwester von Zeus ist. Als seine Tante wurde sie geboren, nachdem Kronos seinem Vater Uranus die Genitalien abgeschnitten und ins Meer geworfen hatte. Aus dem Meerschaum, auf dem es landete, sprang Aphrodite hervor. Als seine Tochter soll sie das Ergebnis seiner Vereinigung mit der Göttin Dione sein.

Es hieß, dass Aphrodites Schönheit so groß war, dass die Götter sie alle begehrten. Um einen Krieg zu verhindern, verheiratete Zeus sie mit dem "hässlichen" Gott Hephaistos. Die Verbindung war nicht Aphrodites Wahl und sie hatte viele sterbliche und unsterbliche Liebhaber, wie Hermes und Dionysos. Ihr häufigster Liebhaber ist Ares, der Kriegsgott. Ihr berühmtestes Kind ist Eros, der in der römischen Mythologie besser als Amor bekannt ist. Sie schickte ihn oft aus, um mit seinen Pfeilen sowohl Götter als auch Menschen abzuschießen.

Aphrodite wird meist nackt dargestellt, mit dem idealen weiblichen Gesicht und der idealen Figur. Sie gilt als begehrenswert und unerreichbar zugleich. Sie ist auch dafür bekannt, rachsüchtig zu sein und Frauen zu bestrafen, die sich in Ares verlieben, der begehrenswerter erscheint als sie, sowie Männer und Frauen, die versuchen, sich ihrer Macht zu widersetzen.

Hephaistos

Hephaistos ist bekannt als der Gott des Feuers und der Schmiede. Er gilt als hässlich. Es gibt zwei Geschichten über seine Geburt und wie er lahm wurde. Die eine besagt, dass er der Sohn von Zeus und Hera ist, der während eines Streits zwischen dem Paar für seine Mutter intervenierte. Im Zorn warf Zeus ihn vom Himmel und brach ihm die Beine. Die andere Geschichte besagt, dass Hera Hephaistos selbst gezeugt und geboren hat, um sich an Zeus zu rächen, weil er Athene bekommen hatte. Entsetzt über sein entstelltes Aussehen, warf sie ihn in die Welt hinaus und brach ihm die Beine. Er wurde von Meeresnymphen gerettet und behütet, bis er seinen Platz im Olymp zurückerobern konnte.

Trotz seines Aussehens ist Hephaistos dafür bekannt, dass er schöne Dinge herstellt. Seine Schmiede war ein Vulkan, und er stellte viele der Waffen her, die die Götter trugen. Hephaestus schuf auch ihre Häuser und Möbel und ließ ihre Assistenten aus Gold fertigen. In der Regel wird er entweder als junger Mann oder in seinen mittleren Jahren mit ungepflegtem Haar dargestellt. Außerdem ist er mit Aphrodite verheiratet.

Athena

Athene ist bekannt als die Göttin der Weisheit, der Weberei und des Krieges. Ihre Geburt war etwas ungewöhnlich, selbst für die Götter. Zeus' erster Frau, Metis, wurde prophezeit, dass sie einen Sohn gebären würde, der mächtiger als er selbst sein würde. Um das zu verhindern, schluckte Zeus seine Frau. Doch Metis war bereits mit Athene schwanger. Eines Tages klagte Zeus über schreckliche Kopfschmerzen. Sein Sohn Hephaistos schlug ihm mit einem Hammer auf den Kopf und eine erwachsene Athene sprang heraus, die in eine Rüstung gekleidet war. Ihr Schrei war wild, und Zeus war voller Stolz. Sie war als sein Liebling bekannt, nicht nur wegen ihres wilden Wesens, sondern auch, weil er sie selbst gezeugt hatte.

Athena wird oft in einer Rüstung oder in einem antiken Kleid dargestellt und trägt einen Schild mit dem Kopf der Medusa in der Mitte. Sie wird als streng, schön und autoritär dargestellt und hat graue Augen. Sie wird auch mit einem Speer und einem Helm im korinthischen Stil abgebildet. Auf ihrer Schulter sitzt oft eine Eule, was auf ihre Rolle als Göttin der Weisheit hinweist. Sie wird auch mit einer Spindel in der Hand dargestellt, was ihre Rolle als Göttin des Handwerks symbolisiert.

Obwohl Athene die Göttin der Kriegsführung war, war sie nicht blutrünstig. Stattdessen glaubte sie daran, dass Probleme durch Intelligenz und Diplomatie gelöst werden sollten und Krieg nur das letzte Mittel sein durfte. Und selbst dann war sie der Meinung, dass ein Krieg nur für edle und gerechte Zwecke geführt werden sollte. Sie wird als mächtiger dargestellt als ihr Bruder Ares, der ebenfalls ein Kriegsgott war. Athene ist auch als jungfräuliche Göttin bekannt, da sie nie heiratete oder sich einen Liebhaber nahm.

Ares

Ares ist bekannt als der Gott des Krieges. Er ist zerstörerisch und grausam, und es heißt, dass er von allen außer Aphrodite nicht geliebt wird. Seine eigenen Eltern, Zeus und Hera, verabscheuten ihn. Anders als Athene soll Ares an unnötigen, blutigen Kriegen beteiligt sein. Er wird oft mit einem Helm dargestellt und trägt Waffen. Er reitet in einem Wagen, der von vier Pferden gezogen wird, und wird von Geiern begleitet. Ares gilt als feige und empört sich über jede Verletzung, die er erleidet. Er ist der Vater der Amazonen und der Hauptgeliebte von Aphrodite. In Geschichten wird Ares meist als gedemütigt dargestellt.

Artemis

Artemis ist bekannt als die Göttin des Mondes, der Jagd, der Keuschheit und der Natur. Artemis ist auch dafür bekannt, dass sie die Krankheiten von Frauen heilt, Kinder beschützt und bei der Geburt hilft. Sie ist die Tochter von Zeus und Leto und die ältere Zwillingsschwester von Apollo. Artemis beschützt ihre Zwillinge mit aller Kraft. Es wird erzählt, dass die eifersüchtige Hera ihre Mutter verflucht hat, damit sie niemals an Land gebären kann. Leto gebar auf einer schwimmenden Insel und als Artemis geboren wurde, half sie bei der Geburt ihres Bruders.

Artemis ist eine der beliebtesten und am meisten respektierten Götter. Sie wird als junge Jägerin dargestellt, die einen Bogen trägt und einen Jagdhund an ihrer Seite hat. In ihrer Rolle als Mondgöttin trägt sie eine Mondsichelkrone und ein langes Gewand. Als sie noch jung war, bat sie Zeus, dass sie ihre Jungfräulichkeit für immer behalten dürfe. Sie beschützte ihre Jungfräulichkeit und die ihrer Priesterinnen mit aller Kraft. Auch die Götter schützten ihre Jungfräulichkeit und griffen jeden an, der es wagte, sie zu berühren, wenn sie sich nicht wehren konnte.

Apollo

Apollo ist bekannt als der Gott der Sonne, der Prophezeiung, der Heilung, der Künste, des Wissens, der Schönheit, der Ordnung, der Plagen, des Ackerbaus und des Bogenschießens. Er ist der jüngere Zwilling von Artemis. Apollo gilt als das perfekte Exemplar der Männlichkeit. Er wird oft als jugendlich und athletisch dargestellt, trägt eine Lorbeerkrone und hat Pfeil und Bogen oder eine Leier dabei. Apollo wurde der Gott der Musik, nachdem sein Bruder Hermes sein Vieh gestohlen hatte. Als

Entschuldigung gab Hermes ihm die Leier, die er (Hermes) erfunden hatte.

Apollo wird nachgesagt, dass er den Menschen die Kunst des Heilens beigebracht hat. Aufgrund seiner Treue, Ehrlichkeit und Integrität wurde ihm auch die Gabe der Prophezeiung verliehen. Er hatte viele männliche und weibliche Geliebte, doch seine Affären endeten meist in einer Tragödie.

Hermes

Hermes war bekannt als der Gott der Boten, der Diebe, der Herden, der Reisenden, der Athleten und des Handels. Er ist der Sohn von Zeus und der Nymphe Maia. Es wird erzählt, dass Hermes wenige Tage nach seiner Geburt die Leier erfand. Dann zog er los und stahl die Kühe seines Bruders Apollo und verwischte ihre Spuren. Apollo jagte ihn jedoch und er tauschte seine Leier gegen die Kühe ein. Er ist dafür bekannt, dass er sowohl schnell als auch schlau ist und gilt als Trickser-Gott. Er ist auch der einzige der zwölf Olympier, der frei zwischen dem Land der Lebenden und dem der Toten reisen kann. Hermes wird auch als Führer in der Unterwelt angesehen. Es heißt, dass Hermes die Sprache erfunden hat. Die Götter liebten ihn und einige von ihnen brachten ihm bei, wie man jagt und Pfeife spielt. Er begleitete Zeus oft auf seinen Rendezvous, überbrachte seinen Geliebten Nachrichten und deckte ihn bei Hera.

Hermes wird als athletischer Jüngling mit geflügelten Sandalen dargestellt. Er trägt einen breitkrempigen Hut und einen Caduceus (zwei Schlangen, die sich um einen kurzen, geflügelten Stab winden). Hermes taucht in vielen Sagen als Götterbote und Führer der Helden auf.

Dionysos

Dionysos wird manchmal der "Partygott" genannt. Er ist der Gott des Weins und der Fruchtbarkeit. Dionysos ersetzt oft Hestia im griechischen Pantheon. Er ist der Sohn von Zeus und Semele, einer sterblichen Frau. Zeus erschien Semele als unsichtbares Wesen, und sie begrüßte seine Zuneigung. Hera verführte sie jedoch dazu, die Gestalt von Zeus zu sehen. Die schwangere Semele überzeugte Zeus unter Eid, sich zu offenbaren, aber als er das tat, verwandelte seine Herrlichkeit sie in Asche. Zeus nahm den Fötus und nähte ihn in seinen Oberschenkel ein, bis Dionysos reif genug war, um geboren zu werden. Dionysos wurde später von den Titanen getötet, die ihn auf Heras Befehl hin in Stücke rissen. Seine Großmutter Rhea ließ ihn jedoch wieder auferstehen, und Zeus versteckte ihn bei den Bergnymphen.

Dionysos wanderte über die Erde und lehrte die Menschen den Wein. Begleitet wurde er von wilden Frauen, den Mänaden. Seine Anhänger gerieten oft in einen Zustand der religiösen Ekstase und des Wahnsinns. Dionysos wurde neben Demeter als einer der Hauptgötter der Erde verehrt. Er wird als halbnackter (oder nackter) Jüngling mit weiblichen Gesichtszügen dargestellt. Dionysos war der letzte Gott, der dem griechischen Pantheon beitrat. Er heiratete die sterbliche Prinzessin Ariadne.

Hades

Hades ist bekannt als der Gott der Unterwelt. Er wird auch als Gott des Reichtums bezeichnet, da Edelsteine und Edelmetalle aus dem Boden ausgegraben wurden. Hades wird nicht zu den Olympiern gezählt, aber er wird dennoch als Bruder von Zeus und den anderen angesehen. Die alten Griechen betrachteten

Hades mit Ehrfurcht und Schrecken. Es heißt, dass er die Unterwelt nur selten verlässt, und er wird gewöhnlich als eins mit seinem Reich bezeichnet. Er wird als bärtige, trauernde Gestalt dargestellt, die einen Helm trägt und eine zweizackige Waffe, den Dreizack, bei sich hat. Gelegentlich trägt er die Schlüssel zu seinem Reich oder einen Stab und reitet auf einem Streitwagen. Cerberus (der dreiköpfige Hund, der das Tor zur Unterwelt bewacht) ist normalerweise an seiner Seite. Um seinen Status als Gott des Reichtums zu verdeutlichen, wird er normalerweise auch mit einem Füllhorn dargestellt.

Die Rolle des Hades bei Gericht und Bestrafung war die eines Aufsehers. Die eigentliche Folter wurde von Kreaturen ausgeführt, die man die Furien nannte. Wie Hestia unterscheidet sich auch sein Wesen von dem seiner Geschwister. Er ist unnahbar und lässt sich nicht von Opfern beeinflussen. Seine Persönlichkeit war so unbeweglich wie der Tod. Die alten Griechen nannten Hades manchmal "den anderen Zeus". Sie glaubten, dass am Ende alle Menschen ihm in seinem Reich dienten. Hades mischte sich selten in das Land der Lebenden ein und bewachte eifersüchtig seine Toten. Obwohl er ihre Rechte verteidigte, wurde er leicht zornig, wenn eine seiner Seelen versuchte, zu entkommen oder von anderen gerettet zu werden.

Die Griechen fürchteten ihn und nannten ihn oft bei seinem Reich. Er wurde in sehr wenig Kunst und Geschichten dargestellt. Die berühmteste Geschichte über ihn ist die, in der er sich in seine Frau Persephone verliebte und sie entführte.

Kapitel 2: Menschen und Ungeheuer

Die griechische Mythologie ist voll von Geschichten über Helden, Sünder, Hexen und Monster. All diese Wesen werden stark von den Göttern beeinflusst. Die Kinder der Götter haben große Taten vollbracht und große Grausamkeiten begangen. Für ihre Bemühungen wurden sie entweder belohnt oder verdammt.

Herakles

Herakles gilt als der mächtigste griechische Held. Seit langem gilt er als Beispiel für Stärke, Tapferkeit und Männlichkeit. Der griechischen Mythologie zufolge haben ihm seine Taten, seine Hingabe und seine Triumphe gegen alle Widerstände einen Platz unter den Göttern eingebracht. Trotz der positiven Sichtweise auf diesen Aspekt seiner Persönlichkeit wird Herakles als jähzornig und impulsiv dargestellt. Seine übermenschlichen Kräfte verdankt er Zeus, seinem Vater. Über seine Mutter Alkmene (Perseus' Enkelin) floss auch das Blut des Helden Perseus durch seine Adern. Da er der Sohn von Zeus war, wurde er auch zur Zielscheibe von Hera. Die eifersüchtige Göttin versuchte mehrmals, ihn zu vernichten, noch bevor er geboren wurde. Die größte Geschichte von Herakles ist die Geschichte von den zwölf Arbeiten, die er zur Strafe für den Mord an seiner ersten Frau und seinen Kindern verrichten musste. Zu dieser Geschichte kommen wir später noch!

Perseus

Perseus gilt als einer der ältesten Helden der griechischen Mythologie. Er soll der Sohn von Prinzessin Danae und Zeus gewesen sein. Während Danae schlief, soll Zeus ihr in einem

Goldregen erschienen sein und mit ihr geschlafen haben. Der junge Halbgott wuchs in relativem Frieden auf, bis ein König versuchte, ihn loszuwerden, damit er - der König - Perseus' Mutter bekommen konnte. Perseus soll Medusa mit der Hilfe von Athene und Hermes getötet haben. Außerdem soll er das Atlasgebirge erschaffen haben, indem er den Riesen Atlas in Stein verwandelte.

Aeacus

Aeacus gilt als einer der drei Richter der Unterwelt. Diese Rolle wurde jedoch erst nach seinem Tod übernommen. In seinem sterblichen Leben war er der König von Aegina. Aeacus soll der Sohn von Zeus und der Tochter eines Flussgottes namens Aegina sein. Zeus brachte Aegina in ein unbewohntes Land - das später ihr zu Ehren benannt wurde - wo sie Aeacus gebar. Eine Version der Geschichte besagt, dass die Insel von Natur aus menschenleer war, während die andere Hera dafür verantwortlich macht, dass die Männer durch eine Seuche vertrieben wurden. Was auch immer die Ursache war, Zeus verwandelte alle Ameisen in Männer und so entstand das Volk der Myrmidonen.

Äakus wurde von seinem Volk als fairer und gerechter König gepriesen. Sowohl Götter als auch Menschen aus ganz Griechenland suchten seinen Rat. Sein Urteil war hoch geachtet. Deshalb sprach er auch nach seinem Tod in der Unterwelt das Urteil weiter.

Achilles

Der Krieger Achilles war der Sohn des Sterblichen Peleus, eines Myrmidonenkönigs, und der Wassernymphe Thetis. Um Achilles unbesiegbar zu machen, tauchte Thetis ihn in den Fluss Styx. Dabei hielt sie ihn jedoch an seiner Ferse fest. Das Ergebnis war, dass sein ganzer Körper unbesiegbar war, mit Ausnahme seiner Ferse, die sein einziger Schwachpunkt wurde. Diese Geschichte führte schließlich dazu, dass der Körperteil "Achillessehne" genannt wurde, ein Begriff, der auch heute noch verwendet wird. Achilles wuchs versteckt vor der Welt auf und verkleidete sich in seinen jungen Jahren als Mädchen. Schließlich schloss er sich jedoch dem Trojanischen Krieg an und kämpfte auf der Seite des griechischen Königs Agamemnon.

Während eines Großteils der zehn Jahre des Krieges war Achilles ein entscheidender Faktor. Er plünderte viele Städte und tötete den trojanischen Prinzen Troilus. Dies war für die Griechen von großer Bedeutung, denn es war prophezeit worden, dass die Stadt Troja fallen würde, wenn der Prinz vor seinem 20. Achilles zog sich jedoch eine Zeit lang aus dem Krieg zurück, da König Agamemnon ihn beleidigte, indem er sich seine frisch gefangene Geliebte nahm. Die Griechen litten daraufhin in der Schlacht, und sowohl der König als auch sein Freund baten ihn, wieder in den Krieg einzutreten. Achilles weigerte sich, bis er die Nachricht erhielt, dass sein Freund in der Schlacht getötet worden war. Trauernd und wütend zog Achilles wieder in den Kampf. Doch Apollo griff ein und schickte den Pfeil des Prinzen Paris (der für die Anfänge des Krieges verantwortlich war) direkt in Achilles' Ferse. Der Schlag tötete den mächtigen Krieger.

Hector

Hektor war der Kronprinz von Troja und ihr größter Krieger. Er war gegen den trojanischen Krieg und versuchte, Frieden mit den Griechen zu schließen. Doch seine Bemühungen waren vergeblich. Er galt als guter Mann, Sohn, Vater, Ehemann und Fürst. Er soll auch von Apollo geliebt worden sein. Hektor war dafür bekannt, dass er tapfer kämpfte und seinen Gegnern Respekt entgegenbrachte. Leider erzürnte er Achilles, nachdem er Achilles' Freund Patroklos getötet hatte. Sie duellierten sich, und Hektor bekam Angst und lief davon. Doch schließlich beschloss er, umzukehren und sich seinem Schicksal zu stellen. Achilles tötete ihn und schleppte seinen Körper zwölf Tage lang hinter seinem Streitwagen her. Die Trojaner holten ihn schließlich zurück und begruben ihn in Ehren.

Theseus

Theseus, einer der frühesten Könige Athens, war ein mächtiger Held. Er galt als mutiger und gerechter Verteidiger, der Inbegriff eines Mannes aus Athen. Während es klar ist, dass seine Mutter die Prinzessin Aethra war, ist umstritten, wer sein wahrer Vater war. Es wurde angenommen, dass er der Sohn von König Ägeus von Athen war, aber manche sagten auch, dass er der Sohn von Poseidon war. Theseus ist vor allem dafür berühmt, dass er den Minotaurus im Labyrinth besiegt hat.

Jason

Anders als viele der Helden in der griechischen Mythologie war Jason kein Halbgott. Er war der Sohn von König Äson und Königin Alcimede. Doch sein Halbonkel Pelias stahl den Thron.

Um ihn zu schützen, wurde Jason in die Isolation geschickt. Im Gegensatz zu den Helden, die uneheliche Kinder des Zeus waren, erhielt Jason die Hilfe von Hera. Sie leitete ihn bei seiner Suche nach dem Goldenen Vlies. Die Aufgabe wurde ihm von seinem Onkel übertragen, der Jason aufgrund einer Prophezeiung fürchtete, die ihm sagte, er solle sich vor jemandem hüten, der Jasons Beschreibung entsprach. Jasons Reise wurde von einer Gruppe tapferer Männer und Frauen, den Argonauten, unterstützt. Einer dieser Argonauten war der Held Herakles. Sie machten sich mit dem Schiff auf den Weg und überwanden viele Hindernisse, um ihre Beute zu erlangen.

Odysseus

Odysseus ist der Held von Homers berühmter epischer Erzählung, der Odyssee. Wie Jason wurde er von sterblichen Eltern, Laertes und Anticlea, geboren. Odysseus war mutig, einfallsreich, gerissen, charismatisch und weise. Er war als wortgewandter Redner, meisterhafter Stratege und Trickser bekannt. Doch seine Cleverness wurde ihm zum Verhängnis. Odysseus präsentierte sich als einer der vielen Freier von Helena von Troja. Nachdem er die Hoffnung aufgegeben hatte, sie zu gewinnen, bot er ihrem Stiefvater eine Lösung an, wie er den Frieden unter ihren Freiern aufrechterhalten konnte. Er riet dem König - Helens Stiefvater -, jeden Freier einen Eid schwören zu lassen, denjenigen zu beschützen, der als Helens Ehemann ausgewählt wurde.

Als Helena gestohlen wurde, musste Odysseus als einer ihrer früheren Freier kämpfen. Doch Odysseus war glücklich mit seiner Frau Penelope. Er war sich auch einer Prophezeiung bewusst, die besagte, dass er viele Prüfungen durchmachen und viele Jahre lang fort sein würde. Er versuchte, der Einberufung zu entgehen, indem er Wahnsinn vortäuschte, wurde aber enttarnt. Schließlich willigte er ein, in den Krieg zu ziehen. Odysseus erwies sich als ein hervorragender militärischer Taktiker und schlug sich in der Schlacht gut.

Leider dauerte die Heimreise zehn Jahre. Während dieser Zeit verärgerte er Poseidon, begegnete einer Hexe und erlebte viele gefährliche Abenteuer. Als er zwanzig Jahre nach seiner Abreise nach Hause zurückkehrte, fand er seine Frau von Freiern bedrängt. Odysseus tötete sie alle und eroberte seinen Thron zurück.

Orpheus

Orpheus war der Sohn von König Oegrus von Thrakien und der Muse Kalliope. Das Blut seiner Mutter machte ihn zu einem begabten und berühmten Dichter, Musiker und Propheten. Er beherrschte die Leier unter der Anleitung von Apollo. Er war so geschickt, dass die Natur zu seiner Musik tanzte. Orpheus war einer der Argonauten und es war seine Musik, die sie vor den Sirenen rettete. Später lernte er Eurydike kennen und heiratete sie. Leider trat sie in ein Vipernnest und starb, nachdem sie gebissen wurde. Orpheus konnte ihren Tod nicht akzeptieren und reiste in die Unterwelt, wo er seine Musik spielte. Er verzauberte Charon und schläferte Zerberus ein. Persephone war von seiner Hingabe und seiner Musik begeistert und überzeugte Hades, ihm eine Chance zu geben, seine Frau zu retten. Hades stimmte unter der Bedingung zu, dass Orpheus Eurydike aus der Unterwelt führt, ohne sich noch einmal umzusehen. Leider gab Orpheus der Versuchung nach und Eurydike wurde in die Unterwelt zurückgeschleudert. Orpheus war gezwungen, ohne sie zu leben, aber nach seinem Tod wurden sie schließlich wieder vereint.

Chiron

Chiron war der Sohn eines Titanen, des ersten Zentauren, und der Halbbruder von Zeus. Sein Vater, Kronos, war seiner Frau Rhea untreu und schlief mit der Nymphe Philyra. Um Rheas Zorn zu entgehen, verwandelte sich Kronos in ein Pferd. So wurde Chiron halb als Mensch und halb als Pferd geboren. Anders als die anderen Zentauren waren seine Vorderbeine menschlich. Außerdem war er gütig, gelehrt und zivilisiert, während andere Zentauren gewalttätig waren und zu Ausschweifungen neigten. Chiron war berühmt für seine Weisheit und seine Fähigkeit zu lehren. Er unterrichtete Helden wie Herakles, Achilles und Jason. Seine Unsterblichkeit verlor er, als er versehentlich von Herakles mit einem vergifteten Pfeil angeschossen wurde. Blutend und unter Schmerzen gab er seine Unsterblichkeit auf, um Prometheus zu befreien, und zwar auf Wunsch des Schülers, der ihn angeschossen hatte.

Charon

Charon war bekannt als der Fährmann der Toten und der Sohn von Nyx und Erebus. Es hieß, wenn Hermes die Seelen der Toten einsammelte, beglcitctc cr sie zu den Flüssen Acheron und Styx. Charon würde sie dann in die Unterwelt bringen. Er verlangte für jede Seele eine Münze, um sie hinüberzutragen. Die alten Griechen achteten darauf, diese Münze bei ihren Toten zu lassen, denn sie glaubten, dass er sich weigern würde, jemanden mitzunehmen, der seine Gebühr nicht bezahlen konnte. Diese Menschen wanderten als Geister durch die Welt. Charon wird als sehr hässlich beschrieben, mit einer krummen Nase und einem Bart. Er trägt einen kegelförmigen Hut und wird oft dargestellt, wie er sein Boot steuert.

Prometheus

Prometheus ist der Sohn des Titanen Iapetus und der Nymphe Klymene. Er war bekannt als der Gott des Feuers und der erste und ultimative Betrüger. Er war hochintelligent und ein Handwerker. Im Kampf zwischen den Olympiern schloss sich Prometheus den jüngeren Göttern an und entwarf den Plan, der zur Niederlage der Titanen führte. Später widersetzte er sich jedoch den Göttern und schenkte den Menschen das Wissen über das Feuer. Zur Strafe kettete Zeus ihn an und ließ einen Adler seine sich ständig regenerierende Leber verspeisen. Schließlich wurde er von Herakles befreit und schloss Frieden mit Zeus.

Atlas

Atlas war der Bruder von Prometheus und der Sohn von Iapetus und Klymene. Er war der Anführer des Titanenaufstandes und wurde von Zeus dazu bestraft, für immer den Himmel hochzuhalten. Atlas wurde kurzzeitig von Herakles von dieser Pflicht befreit, der ihn mit einem Trick dazu brachte, den Himmel wieder auf seinen Schultern zu tragen. Schließlich benutzte der Held Perseus den Kopf der Medusa, um Atlas in Stein zu verwandeln. Er wurde als Berg Atlas bekannt.

Typhon

Der Sohn von Tartarus und Gaia war ein furchterregendes Wesen und der Vater aller Ungeheuer. Er wird als groß genug beschrieben, um die Sterne zu berühren, und sein Oberkörper war menschlich. Typhon hatte hundert Vipernbeine und -arme und einen Drachenkopf. Seine Augen leuchteten rot und er hatte hunderte von Flügeln. Sein menschlicher Kopf hatte spitze Ohren und einen verfilzten Bart. Typhon hatte eine schwarze Haut und war völlig verdreckt. Es hieß, dass einige seiner Köpfe von verschiedenen Tieren wie Stieren und Ebern stammten. Die Windungen seiner Hände reichten von Osten bis Westen und aus seinem Mund strömte Feuer. Seine Geburt wird manchmal Hera zugeschrieben, die ein Wesen erschaffen wollte, das mächtiger war als Zeus. Typhon wurde jedoch von Zeus besiegt und in die Unterwelt geworfen.

Er war mit Echidna verheiratet und gemeinsam hatten sie mehrere Kinder, darunter die Sphinx, Cerberus, Hydra und Chimera. Typhon wird mit vulkanischen Kräften und gefährlichen Winden in Verbindung gebracht.

Echidna

Die Frau von Typhon hatte den Oberkörper einer Frau, während ihre untere Hälfte die einer Schlange war. Die Geschichten über Echidnas Herkunft sind etwas unklar. In einigen heißt es, sie sei ein Kind von Gaia und Tartarus, in anderen, ihre Eltern seien Ceto und Phorcys. Echidna wurde mit der Verderbnis (Fäulnis, Krankheit, fauliges Wasser, Schleim) der Erde in Verbindung gebracht. Sie wurde in einer Höhle geboren und aufgezogen und aß vorbeikommende Reisende. Sowohl Echidna als auch ihr Ehemann Typhon wurden von den alten Griechen mit Furcht und Ehrfurcht betrachtet.

Die Sirenen

Die Sirenen sind die Töchter einer Muse und von Achelous, dem Flussgott. Sie wurden als eine Kombination aus Frauen und Vögeln beschrieben. Während ihre Gesichter menschlich waren,

waren ihre Körper die von Vögeln. Ihre Verwandlung von einer Nymphe in einen Vogel wurde Demeter zugeschrieben. Eine Geschichte besagt, dass sie Demeter bei ihrer Suche nach Persephone halfen und als Belohnung Flügel zum Fliegen bekamen. Andere Geschichten besagen, dass sie sich zur Strafe in Vögel verwandelten.

Die Schwestern lebten auf drei felsigen, kleinen Inseln, auf denen die verrottenden Leichen ihrer Opfer verstreut lagen. Sie sangen vorbeifahrende Seeleute in den Tod. Ihr Gesang war bezaubernd, aber sie konnten es nicht mit den Musen aufnehmen, die einen Gesangswettbewerb gegen sie gewannen, ihnen die Federn ausrissen und sie in Kronen verwandelten. Es wurde geweissagt, dass sie sterben würden, wenn ein Sterblicher ihren Gesang überleben würde. Die Argonauten entkamen ihnen, als der Held Orpheus ihren Gesang übertönte, indem er seine Musik spielte. Die Sirenen überlebten diese Begegnung, wurden aber von Odysseus besiegt, der sich von seinen Matrosen die Ohren mit Wachs verstopfen ließ und ihn an den Mast seines Schiffes band, als er an ihrem Haus vorbeisegelte. Die Sirenen stürzten sich in den Tod.

Kapitel 3: Die Erschaffung der Götter und Menschen

Wie alle Religionen hatten auch die Griechen ihre eigenen Geschichten über den Ursprung der Welt. Für sie war das Universum, das sie kannten, das Ergebnis von Geburt, Chaos und Krieg.

Am Anfang

Die Welt begann mit dem großen Nichts des Chaos. Aus dem Chaos stiegen die ersten beiden Urgötter auf, Erebus und Nyx. Beide waren Wesen der Dunkelheit und der Stille, doch aus ihnen entsprangen Eros (Liebe), Äther (die obere Luft) und Hemera (der Tag). Doch alle fürchteten Nyx und mieden sie. Ungeliebt von allen außer ihrem Bruder, gebar sie selbst Kinder, damit sie eine Familie hatte, die sie liebte. Die Namen einiger dieser Kinder waren Thanatos (Tod), Ker (Untergang), Geras (Alter), Hypnos (Schlaf), Oneiroi (Träume), Oizus (Schmerz) und einige andere.

Das Chaos gebar erneut und Gaia, die Erde, und Tartarus, die Unterwelt, entstanden. Gaia sclbst gcbar dcn Uranus (dcn Himmel). Die Erde und der Himmel paarten sich und brachten die zwölf Titanen, drei Zyklopen und die drei Hekatoncheires (Hundertfüßler) zur Welt. Aber Uranus hat seine Kinder nicht geliebt. Stattdessen sperrte er sie tief in Gaias Schoß ein. Im Zorn versuchte Gaia, ihre Kinder gegen ihren Mann aufzuhetzen. Alle außer dem Jüngsten, Kronus, hatten zu viel Angst. Er nahm die große Sichel, die seine Mutter geschmiedet hatte, und schnitt seinem Vater die Genitalien ab, als dieser gerade mit seiner Mutter schlafen wollte. Das Blut der Kastration fiel auf die Erde und brachte die Furien, die Eschen-Nymphen (die Meliae) und die Riesen hervor. Als seine Genitalien ins Meer fielen, soll Aphrodite, die Göttin der Liebe, entstanden sein. Dieser Akt trennte Himmel und Erde und Uranus verschwand. Als er ging, versprach er den Titanen eine große Abrechnung für das, was Cronus getan hatte.

Als neuer Herrscher des Universums sperrte Kronus die Hekantoncheires und den Zyklopen ein. Dann heiratete er seine Schwester Rhea. Unter ihrer Herrschaft blühten die Titanen auf und vermehrten sich. Aus ihnen gingen die Nymphen, die Flussgötter, die Sonne, der Mond, die Morgenröte und viele andere hervor. Doch Uranus' Worte konnten nicht widerlegt werden. Es wurde prophezeit, dass Cronus von einem seiner Söhne getötet werden würde. Um dies zu verhindern, verschlang Kronus jedes seiner Kinder, sobald sie geboren wurden. Hades, Hestia, Demeter, Hera und Poseidon wurden alle ihrer Mutter entrissen und verschlungen. Wie Gaia war auch Rhea wütend über das, was ihren Kindern angetan worden war, und wollte sich rächen. Sie versteckte sich, als es Zeit war, ihr sechstes Kind, Zeus, zu gebären, und überließ ihn der Obhut der Nymphen. Dann wickelte sie einen Stein und gab ihn Cronus zum Verschlucken. Der Gott tat dies und ging, weil er dachte, er hätte das Unheil abgewendet.

Von einer Nymphe und einer Ziege aufgezogen, wuchs Zeus zu einem starken jungen Mann heran und suchte Metis (Weisheit) auf. Mit ihrer Hilfe schmiedete er einen Plan, um seinen Vater zu besiegen. Metis bereitete einen Wein zu, der den Gott zum Erbrechen bringen sollte, und Zeus verkleidete sich als Mundschenk seines Vaters. Nachdem er das Vertrauen von Cronus gewonnen hatte, gab Zeus ihm das, was Cronus für seinen Lieblingswein hielt. Kronos spuckte Omphalos, auch bekannt als Nabel, und seine fünf Kinder aus. Aus Dankbarkeit erkannten die Kinder Zeus als ihren Anführer an, obwohl er der Jüngste war.

Aber die Bedrohung durch ihren Vater blieb. Er war im Alter schwach geworden und suchte die Hilfe seiner Geschwister, der Titanen. Die Titanen fürchteten die neuen Götter und schlossen sich auf Cronus' Befehl hin gegen sie zusammen. Über ein Jahrzehnt lang wurde ein erbitterter Kampf geführt, in dem die Titanen viele Siege errangen. Dieser zehnjährige Krieg wurde als die Titanomachie bekannt. Die Titanen wurden von Atlas angeführt und kämpften von ihrem Sitz auf dem Berg Othrys aus. Doch nicht alle waren mit dem Wunsch des älteren Gottes nach Herrschaft einverstanden. Zwei Titanen, Prometheus und Themis, stellten sich auf die Seite der jüngeren Götter. Unter der Führung von Gaia halfen sie, das Blatt zugunsten der Olympier zu wenden.

Gaia brachte Zeus dazu, in die Unterwelt zu reisen und die Hekantoncheires und den Zyklopen zu befreien. Dadurch wurden ihre Kinder endlich befreit, und sie schlossen sich dem Kampf an. Prometheus entwarf den Plan, der zum Sieg führte. Die Olympier griffen die Titanen an, während die Hekantoncheires einen Hinterhalt legten. Zeus lockte die Titanen mit einem strategischen Rückzug in ihre Falle. Die Hekantoncheires ließen Felsbrocken auf die Köpfe der Titanen regnen, bis sie davonliefen. Zeus beanspruchte den Thron des Universums, verbannte die Titanen und sperrte sie in den Tartarus. Atlas hingegen war gezwungen, den Himmel für alle Ewigkeit auf seinen Schultern zu tragen. Damit war die Titanomachie beendet, aber das war nicht wirklich das Ende. Erneut empört über die Gefangenschaft ihrer Kinder, gebar Gaia den schrecklichen Typhon. Mit seinen Donnerblitzen besiegte Zeus ihn im Kampf und versiegelte ihn unter der Erde. Es heißt, dass er unter dem Vulkan Ätna knurrt und auf den Moment wartet, in dem er wieder aufersteht, um Zeus gegenüberzutreten.

Die Zeitalter der Menschen

So wie die Götter aufstiegen und fielen, taten es auch die, die sie schufen. Die Griechen glaubten, dass es fünf große Zeitalter der Menschen und ihrer Entwicklung gab. Als Kronos regierte, schuf er den Menschen und machte ihn perfekt. Die Menschen lebten im ewigen Frühling und alterten rückwärts. Sterben war wie Einschlafen, und dann streiften sie als Geister über die Erde. Die Menschen lebten wie Götter und kannten keinen Kummer, keinen Schmerz und keine Mühsal. Die Götter versorgten sie mit allem, was sie brauchten, und alles war friedlich. Es war eine Zeit der Schönheit und Vollkommenheit, die mit dem Aufstieg der Olympier endete.

Die Welt trat dann in das Silberne Zeitalter ein, in dem Zeus das Aussehen und die Weisheit der Menschen verringerte und die vier Jahreszeiten schuf. Die Menschen wandelten nicht mehr im Einklang mit den Göttern und waren gezwungen, zu arbeiten und Behausungen zu bauen. Trotzdem behielten die Kinder ihre Unschuld und durften die ersten hundert Jahre ihres Lebens frei herumtollen. Doch die Menschen ehrten die Götter nicht mehr wie früher, und Zeus wurde wütend. Er machte den Tod zu einem Teil ihres Lebens und verfügte, dass sie nach ihrem Ableben als gesegnete Geister in die Unterwelt hinabsteigen sollten.

Diese Mühen und Unruhen nahmen mit der Bronzezeit zu. Zeus benutzte Eschen, um Menschen zu formen. Diese Menschen waren schrecklich und hart. Sie aßen hauptsächlich Fleisch und zogen in den Krieg gegeneinander. Ihre Häuser und Waffen waren aus Bronze, und das Kämpfen verschlang ihre gesamte Existenz. Sie waren seelenlos und schmachteten nach dem Tod in der Unterwelt. Schließlich erhob sich eine große Flut und wusch die Erde von ihnen rein.

Und dann kam das Zeitalter der Helden. Pandora hatte eine Tochter namens Pyrrha, die Prometheus' Sohn Deucalion geheiratet hatte. Sie waren die einzigen Überlebenden der Sintflut und erschufen Menschen aus Steinen, um die Erde wieder zu bevölkern. In dieser Zeit gab es viele Halbgötter, und die Menschen vollbrachten große Taten. Im Zeitalter der Helden kamen die Menschen dem, was sie früher waren, am nächsten. Helden wie Achilles, Herakles und viele andere inspirierten ihre Mitmenschen und führten ihr Volk mit der Gunst und Hilfe der Olympier zum Sieg über ihre Feinde. Viele dieser Helden starben jedoch in Kriegen oder als Folge ihrer Taten und ihrer Hybris. Männer und Frauen, die mutig waren und die Götter geehrt haben, kamen in das Paradies, Elysium, wenn sie starben. Die Ungerechten und Gotteslästerer wurden in der Unterwelt bestraft.

Schließlich war da noch die Eisenzeit. Der Abstand zwischen Gott und Mensch ließ die Menschen leiden. Sie wurden immer egoistischer, gieriger und heuchlerischer. Der Bruder wandte sich gegen den Bruder und jeder Anschein, das Gesetz zu beachten, verschwand. Die Tugenden und die Götter selbst wurden aufgegeben. Daraufhin überließen die Götter die Erde ihrem Leid. Und so leben die Menschen weiter in Mühsal und Elend, bis Zeus schließlich die Menschheit vernichtet und ein neuer Anfang gemacht wird.

Prometheus und Pandora

Als das Goldene Zeitalter endete, waren die Menschen sehr unzufrieden mit den Göttern. Sie murrten gegen sie und lehrten ihre Kinder, das Gleiche zu tun. Im Zorn hielt Zeus das Wissen über das Feuer vor ihnen zurück. Ohne dieses Wissen konnte die Menschheit nicht überleben, und so war ihre Existenz bedroht. Der Titan Prometheus sah ihr Leid und hatte Mitleid mit ihnen.

Er stahl einen von Zeus' Blitzen und benutzte ihn, um die Menschen über das Feuer zu unterrichten. Zeus war wütend und kettete Prometheus an einen Felsen. Prometheus' Bestrafungen waren vielfältig. Stürme peitschten auf ihn ein und die Sonne verbrannte sein Fleisch. Täglich erschien ein Adler, um seine Leber zu fressen, die sich jeden Tag regenerieren sollte. Prometheus litt dieses Schicksal tausend Jahre lang.

Aber Zeus' Zorn war nicht zu besänftigen. Er beschloss, dass auch der Mensch für seine Taten bestraft werden müsse. Und so wurde die erste Frau erschaffen. Sie wurde von Hephaistos aus Lehm geformt und von Aphrodite zur Frau gemacht. Athene lehrte sie das Handwerk und Hermes lehrte sie Neugierde und Täuschung. Die Götter nannten sie Pandora und sahen in ihr die menschliche Vollkommenheit.

Sie gaben ihr auch ein Gefäß - später eine Kiste genannt - mit "besonderen Geschenken". Sie warnten sie jedoch davor, ihn zu öffnen. Sie wurde dann Epimetheus, dem Bruder von Prometheus, übergeben. Trotz der Warnung seines Bruders, niemals Geschenke von den Göttern anzunehmen, verliebte sich Epimetheus in Pandoras Schönheit und heiratete sie. Zunächst versuchte Pandora, stark zu sein und die Büchse zu verschließen, wie die Götter es ihr geraten hatten. Doch ihre Neugierde siegte und sie öffnete die Büchse. Die Folgen waren verheerend. Tod, Krankheit, Neid, Zwietracht und viele andere Dinge entkamen, um das Land zu bevölkern und den Menschen Schmerz und Qualen zu bringen. Als Pandora sah, wie das Böse entkam, schloss sie die Büchse. Doch es war zu spät. Alles war entkommen, und nur die Hoffnung blieb darin gefangen. Das war Zeus' Absicht, denn er wollte, dass die Menschen für ihre Missachtung der Götter leiden.

Kapitel 4: Perseus

Akrisios, König von Argos, wurde vom Orakel von Delphi geweissagt, dass er von seinem Enkel getötet werden würde. Acrisius hatte seinen Zwillingsbruder um sein Erbe betrogen. Er war sehr ehrgeizig und wollte weder sein Leben noch sein Königreich aufgeben. Deshalb sperrte er seine Tochter Danae in eine unterirdische Bronzekammer, weit weg von jedem Mann, der sie verführen wollte. Die Kammer hatte keine Fenster, und der König dachte, er sei vor der Prophezeiung sicher. Doch ihre Schönheit erregte Zeus' Aufmerksamkeit. Er verwandelte sich in einen Goldregen, schlüpfte durch einen Spalt im Dach in ihre Kammer und schlief mit ihr. Danae wurde schwanger, konnte es aber vor ihrem Vater verheimlichen, da er sie nur selten besuchte. Als er endlich kam, hatte sie bereits entbunden. Acrisius war wütend. Er weigerte sich zu glauben, dass der Vater der Götter sie besucht hatte. Als Danae gebar, sperrte der König sie und ihren kleinen Jungen in eine Holztruhe und ließ sie ins Meer werfen.

Aber die Götter hatten ein Einsehen und führten sie durch stürmische Gewässer zur Insel Seriphos. Der Bruder des Königs der Insel, Diktys, war zufällig beim Fischen, und die Truhe verfing sich in seinem Netz. Der bescheidene Fischer und Prinz nahm die beiden mit in sein IIaus und zog Perseus wie seinen eigenen Sohn auf. Diktys wusste, wie die beiden von den Seriphanen und ihrem König angesehen werden würden, also versteckte er sie vor neugierigen Augen. Es vergingen mehrere Jahre, bis jemand von ihrer Existenz erfuhr. Sein Bruder, König Polydectes, verliebte sich unsterblich in Danae. Er umwarb sie mit Worten und Geschenken, aber die schüchterne, behütete Prinzessin lehnte seinen Antrag ab. Der stolze König akzeptierte kein Nein als Antwort. Er sah in ihrem Sohn Perseus ein Hindernis auf dem Weg zu seinem Ziel und beschloss, ihn loszuwerden. Wenn Perseus weg war, so seine Überlegung, würde ihn niemand mehr daran hindern, Danae zu erobern.

Also schmiedete Polydectes einen Plan. Er täuschte eine Verlobung mit Hippodamia, der Prinzessin von Pisa, vor. Zu Ehren dieser Verlobung musste ihm jeder Einwohner von Seriphos ein Pferd schenken. Doch Perseus kam aus einem fremden Land. Er hatte weder Pferde noch Geld, um eines zu kaufen. Sein Stolz veranlasste ihn, etwas anderes anzubieten.

"Bitte mich um etwas, König Polydectes", sagte er. "Und ich werde es dir bringen."

Das brachte König Polydectes zum Lächeln. Das Angebot von Perseus war genau das, was er beabsichtigt hatte.

"Bring mir statt eines Pferdes den Kopf der Medusa", erklärte er.

Medusa war eine Gorgone, die Enkelin von Gaia. Im Gegensatz zu ihren anderen, monströsen Schwestern war sie eine schöne Sterbliche. Poseidon war von ihrer Schönheit so beeindruckt, dass er mit ihr in Athenas Tempel schlief. Die Göttin war darüber empört und verwandelte Medusa in ein abscheuliches Wesen. Ihr einst schönes Haar wurde zu Schlangen und ihr Blick ließ Männer zu Stein werden. Ihr wuchsen Hauer und Reißzähne und sie wurde die hässlichste ihrer Schwestern. Polydetes glaubte, Perseus zu ihr zu schicken, würde den jungen Mann zum Tode verurteilen. Doch er wäre frei von Schuld. Schließlich hatte Perseus dem König angeboten, ihm alles zu bringen, was er wollte.

Perseus wusste, wie gefährlich diese Aufgabe war, aber er konnte nicht ablehnen. Er hatte sein Wort gegeben. Und so machte er sich auf die Suche nach Medusa. Er irrte vergeblich durch das Land und gab sich schließlich der Verzweiflung hin. Als er seine Notlage sah, hatten zwei Götter Mitleid mit ihm und erschienen ihm. Die Frau war groß, grauäugig und ernst, während der Mann schelmisch war und geflügelte Sandalen trug.

"Ich bin Athene, und das ist Hermes", erklärte die Frau. "Wir sind gekommen, um dir bei deiner Suche zu helfen."

"Um Medusa zu finden, musst du ihre Schwestern, die Graeae, aufsuchen; sie werden dir sagen, wohin du gehen musst", sagte Hermes.

Hermes schenkte ihm daraufhin ein Schwert und Athene ihren Schild. So bewaffnet machte sich Perseus auf den Weg und tat, was sie ihm geraten hatten. Er fand die Höhle der Graeae und spähte hinein. Die Schwestern hatten strähniges graues Haar und teilten sich einen einzigen Zahn und ein Auge. Perseus legte sich auf die Lauer, bis eine von ihnen das Auge herausnahm, um es der anderen zu reichen. Sofort erhob er sich und schnappte sich das Auge.

"Ich werde es nicht zurückgeben, bis ihr mir sagt, wo ich Medusa finden kann", sagte er ihnen.

Sie waren einverstanden. "Geh zu den stygischen Nymphen, sie werden dich zu ihr führen." Zusätzlich zur Wegbeschreibung gaben sie ihm die Unsichtbarkeitsmütze des Hades, geflügelte Sandalen und einen magischen Beutel, in dem Medusas Tote aufbewahrt werden konnten - obwohl einige Versionen der Geschichte behaupten, dass diese Gegenstände Perseus stattdessen von Athene und Hermes gegeben wurden. Wie auch immer, Perseus wusste nun, wohin er gehen musste und war gut bewaffnet. Er erwiderte ihren Blick und machte sich auf den Weg.

Die Nymphen verrieten ihm den Aufenthaltsort von Medusa. Er fand sie und ihre Schwestern schlafend in einer Höhle. Perseus benutzte seinen Schild als Spiegelbild, um zu verhindern, dass er dem Monster, das sich in einen Sterblichen verwandelt hatte, in die Augen sehen konnte. Die geflügelten Sandalen sorgten dafür, dass er schnell und leise vorankam, während die Mütze ihn unsichtbar machte. Athene, immer noch wütend auf Medusa, führte seine Hand. Mit einem Schlag schlug Perseus Medusas Kopf ab und steckte ihn in den Beutel. Doch die Gorgone war von Poseidon geschwängert worden. Ihre Kinder kamen aus ihrem Hals hervor: der goldene Krieger Chrysaor und das geflügelte Pferd Pegasus. Der Lärm ihrer Geburt weckte die beiden anderen Gorgonen auf. Als sie ihre Schwester tot sahen, weinten sie und versuchten, Perseus anzugreifen. Aber er war unsichtbar, und sie konnten ihm nichts anhaben. Ihre Schreie waren so laut und klagend, dass sogar die rachsüchtige Athene gerührt war. Sie schuf die Doppelpfeife - den Aulos -, um ihr Weinen nachzuahmen.

Nachdem er seine Aufgabe erfüllt hatte, machte sich Perseus auf den Heimweg. Nach langer Zeit kam er zu einem Ort, an dem Atlas den Himmel auf seinen Schultern trug. Erschöpft und durstig bat er den Titanen um Essen und Unterkunft für die Nacht. Doch Atlas hatte erfahren, dass eines Tages jemand kommen würde, um ihn auszutricksen und seine Äpfel zu stehlen. Aus Angst vor dieser Prophezeiung weigerte er sich, Perseus zu helfen. Im Zorn holte Perseus den Kopf der Medusa heraus. Ein Blick verwandelte den Riesen in Stein. Perseus steckte den Kopf zurück in den Sack und zog weiter.

Sein Weg führte ihn durch Äthiopien, wo er einen Anblick bot, der ihn schockierte. Eine schöne junge Frau war an einen Felsen am Meer gekettet. Perseus verliebte sich tief in sie. Er entdeckte, dass sie Prinzessin Andromeda war, und ging zu ihrem Vater, König Kephus, um um ihre Hand anzuhalten. Aber die Prinzessin war ein jungfräuliches Opfer, das die Menschen retten sollte. Ihre Mutter, Königin Kassiopeia, hatte erklärt, dass sie schöner sei als die Meeresnymphen, die Nereiden genannt wurden. Diese Nymphen waren die Schutzbefohlenen von Poseidon und sie beschwerten sich in bitterem Zorn bei ihm. Poseidon hörte ihre Klagen und schickte das Seeungeheuer Cetus, um die Küste Äthiopiens zu plagen. In seiner Verzweiflung flehte König Cephus Zeus um Hilfe an. Der Gott sagte ihm, dass die einzige Möglichkeit, sich zu befreien, darin bestand, die unschuldige Andromeda an einen Felsen zu ketten. Das taten sie, und nun warteten sie darauf, dass das Ungeheuer sie holte.

Nachdem er die Geschichte gehört hatte, schloss Perseus einen Handel mit dem König ab. Er würde die Prinzessin retten und im Gegenzug würde der König seine Zustimmung geben, dass sie heiraten können. König Kephus stimmte zu. Perseus kehrte zum Meer zurück und wartete auf das Erscheinen von Cetus. Das Ungeheuer erhob sich aus dem Meer und sabberte in Erwartung seiner Mahlzeit. Wie schon bei Medusa schlug Perseus ihm den Kopf ab und befreite die Prinzessin. König Kephus hielt sich an die Abmachung und war froh, einen mutigen Schwiegersohn zu bekommen.

Sein Bruder Phineus war jedoch nicht glücklich. Ursprünglich war ihm Andromedas Hand versprochen worden und er war der Meinung, dass er sie jetzt, da sie nicht mehr geopfert werden würde, verdient hätte. Er rief seine Verbündeten zusammen und forderte den König heraus. Das verärgerte Perseus, der nicht nur in Andromeda verliebt war, sondern auch nicht glaubte, dass jemand, der sie abwies und zuließ, dass sie geopfert wurde, ein Recht auf sie hatte. Er sagte König Kephus und seinen Verbündeten, sie sollten wegschauen, und schlug dann Medusas Kopf ab. Alle, die auf seine Warnung hörten, wurden verschont, aber Phineus und seine Kameraden wurden zu Stein verwandelt. Perseus und Andromeda waren nun frei, sich zu vermählen. Das taten sie glücklich und Perseus fuhr mit seiner neuen Frau nach Hause.

Schließlich kam er auf der Insel Seriphos an. Dort erfuhr er von seinem Adoptivvater Diktys, dass seine Mutter trotz ihrer vielen Weigerungen von Polydektes verfolgt wurde. Diese Schikanen gegen seine Mutter machten ihn wütend. Er stürmte den Palast und unterbrach das Festmahl, das König Polydectes mit seinen Dienern abhielt. Wieder einmal holte er Medusas Kopf heraus und alle im Speisesaal wurden zu Stein. Sie wurden während des Essens eingefroren und Danae war endlich frei. Perseus setzte Diktys dann als König von Seriphos auf den Thron.

Zu dieser Zeit hatte Perseus von seinem Erbe erfahren. Er, seine Frau und seine Mutter reisten nach Argos, um mit König Akrisios Frieden zu schließen. Sein Großvater hörte von seiner Ankunft und erinnerte sich an die Prophezeiung, dass einer seiner Enkel ihn töten würde. Der König fürchtete um sein Leben und floh. Perseus und seine Familie erfuhren bald von Akrisios' Abreise und setzten ihren Weg fort. Auf seiner Reise hörte der junge Held von einem Sportwettbewerb und reiste dorthin, um daran teilzunehmen. Sein Diskuswurf war so kraftvoll, dass er ins Publikum flog und einen alten Mann traf, der dabei ums Leben kam. Perseus erfuhr, dass der Mann, den er gerade getötet hatte, sein eigener Großvater war.

Der Thron von Argos wurde nach dem Tod seines Großvaters an Perseus weitergereicht. Perseus lehnte aus Scham und Schuldgefühlen ab und begrub den alten König. Er ging zu seinem Cousin, König Megapenthes, und bot einen Handel an: Er würde über Tiryns herrschen - das Megapenthes' Königreich war - und Megapenthes würde über Argos herrschen. Der König stimmte dem Handel zu und die beiden Königreiche tauschten. Perseus lebte fortan glücklich mit Andromeda. Sie hatten viele Kinder, und er gründete schließlich das Königreich Mykene.

Kapitel 5: Das Leben und die Taten des Herakles

Das frühe Leben von Griechenlands größtem Helden

Der mächtige Held Herakles war ein weiteres Produkt des staunenden Auges von Zeus. Der Gott begehrte Königin Alkmene, die Enkelin von Perseus, und schlief mit ihr, während er sich als ihr Ehemann Amphitryon verkleidete. Doch auch ihr Mann schlief in dieser Nacht mit ihr und sie wurde mit Zwillingen schwanger. Hera erfuhr von dieser Untreue und war wütend. Sie schmiedete einen Plan, um Zeus zu bestrafen und das Kind zu vernichten.

Als die Zwillinge geboren wurden, konnte sie nicht erkennen, welches der uneheliche Sohn ihres Mannes war. Sie schickte zwei Schlangen in das Kinderbett, in dem die Babys zusammen lagen. Beide Babys reagierten unterschiedlich. Iphikles, der Zwilling von Herakles, weinte, während Herakles beide Schlangen ohne zu zögern erwürgte und damit bewies, dass er Zeus' Kind war. Von da an richtete Hera ihre eifersüchtige Wut auf ihn.

Seine Mutter Alkmene fürchtete Heras Zorn und traf die schwierige Entscheidung, ihren Sohn auf einem Feld auszusetzen. Doch Zeus schickte Athene, um zu intervenieren. Die Göttin der Weisheit brachte das Baby zu Hera und sagte ihr, dass sie ein fremdes Kind gerettet habe. Trotz ihrer rachsüchtigen Natur war Hera immer noch eine Mutter. Sie nahm Herakles zu sich und stillte ihn an ihrer Brust. Aber der kleine Herakles war stark und begierig und biss zu fest auf ihre Brustwarze. Der Schmerz veranlasste Hera, ihn wegzuziehen und ihre Milch spritzte heraus, wodurch die Milchstraße entstand. Athene nahm das Kind und präsentierte es Alkmene und Amphitryon. Dem König und der Königin war klar, dass die Götter Herakles beschützen würden, und so behielten sie ihn gerne.

Herakles wuchs zu einem starken, stolzen und leidenschaftlichen jungen Mann heran. Die Menschen um ihn herum lehrten ihn Bogenschießen, Boxen, Ringen, das Fahren von Streitwagen, Schreiben, Musik und Fechten. Der Zentaur Chiron lehrte ihn Weisheit. Als Kind fehlte es Herakles an nichts und er war in allem, was er tat, überragend. Seine erste Heldentat vollbrachte er, als der thespische Löwe die Herden von Amphitryon und seinem Nachbarn, König Thespius, angriff. Herakles riss einen Olivenbaum aus dem Boden und verwandelte ihn in eine Keule. Mit der Keule in der Hand jagte er den Löwen fünfzig Tage lang und tötete ihn.

König Thespius bewunderte die Stärke und Tapferkeit des jungen Prinzen, der gerade das Mannesalter erreicht hatte. Er beschloss, dass sein Königreich stark sein würde, wenn alle seine Töchter Herakles' Kinder bekämen. Thespius hieß Herakles in seinem Haus mit Ehre willkommen. In den fünfzig Nächten, in denen Herakles den Löwen suchte, ließ König Thespius jede seiner Töchter mit dem jungen Helden schlafen. Herakles war nicht in der Lage, die fünfzig Schwestern zu unterscheiden. Er glaubte, dass er jede Nacht mit der gleichen schlief. Alle fünfzig Prinzessinnen wurden schwanger und gebaren seine Kinder.

Nach seinen Abenteuern mit dem Löwen und den Prinzessinnen setzte Herakles seine Heimreise fort. Auf seinem Weg traf er auf die Herolde von König Erginus. Erginus war wütend auf die Thebaner wegen der Ermordung seines Vaters. Er zog in den Krieg gegen Theben und tötete viele seiner Einwohner. Dann zwang er sie zu einem Vertrag, nach dem sie ihm zwanzig Jahre lang jedes Jahr hundert Ochsen zahlen mussten. Bei der jährlichen Eintreibung dieses Tributs traf Herakles auf die Herolde. Nachdem er von ihren Absichten erfahren hatte, schnitt er ihnen Hände, Ohren und Nasen ab. Diese band er ihnen dann um den Hals und schickte sie zurück zu ihrem König.

"Das ist der Tribut", sagte er zu ihnen. "Bringt das zurück zu König Erginus."

Das verärgerte den König noch mehr, der seine Armee sammelte und gegen Theben marschierte. Herakles traf ihn im Kampf und besiegte ihn. Herakles' Verteidigung von Theben veranlasste den dankbaren König Kreon, Herakles seine Tochter Megara zur Frau zu geben. Die beiden heirateten und bekamen mehrere gemeinsame Kinder.

Aber Hera hatte ihn beobachtet und auf den richtigen Zeitpunkt gewartet. Als sie sah, dass Herakles glücklich war und als Held gefeiert wurde, beschloss sie erneut, ihn zu vernichten. Diesmal schlug sie ihn mit Wahnsinn. Herakles verlor den Verstand und tötete seine Frau und seine Kinder. Als er wieder zu sich kam, war er am Boden zerstört. Er beschloss, sich aus Schuldgefühlen und Verzweiflung umzubringen, aber Theseus, sein Cousin, überzeugte ihn vom Gegenteil.

"Selbstmord ist der Ausweg eines Feiglings", sagte Theseus zu ihm. "Es ist viel besser zu leben und für deine Sünden zu büßen."

Also ging Herakles zum Orakel von Delphi, um herauszufinden, was er tun sollte, um seine Reue für seine Verbrechen zu zeigen und sie wiedergutzumachen. Das Orakel schickte ihn zu seinem Cousin, König Eurystheus.

Die zwölf Aufgaben des Herakles

Zur Strafe sagte das Orakel, dass Herakles zwölf Jahre lang Eurystheus' Diener sein sollte. Wenn er in dieser Zeit zehn Arbeiten erledigte, würde ihm die Unsterblichkeit gewährt werden. Herakles betrachtete seinen Cousin als unter seiner Würde und war unzufrieden mit dem, was ihm aufgetragen wurde, aber er tat, was das Orakel sagte. Auch König Eurystheus war mit seinem Cousin zerstritten. Der König plante mit Hera, Herakles zu töten. Mit Freude übertrug er Herakles seine erste Aufgabe.

König Eurystheus erklärte, dass Herakles Nemea von einem monströsen Löwen befreien sollte. Der nemeische Löwe, das Kind von Typhon und Echidna, terrorisierte Nemea. Der Löwe nahm viele Frauen als Geiseln, woraufhin mutige Männer versuchten, die Frauen zu retten. Doch jeder, der die Höhle des Löwen betrat, um die Geiseln zu befreien, wurde getötet und gefressen.

Herakles traf einen Jungen, der auf dem Weg war, seine erste Arbeit zu erledigen. Der Junge bat ihn, den Löwen zu töten.

"Ein Löwe wird Zeus geopfert, wenn das Tier innerhalb eines Monats getötet wird", sagte der Junge, "ansonsten werde ich mich selbst opfern."

Herakles nahm die Bitte des Jungen an und machte sich auf die Jagd nach dem Löwen. Als er ihn fand, schoss er ihn mit Pfeilen voll. Leider konnte das Fell von keinem scharfen Gegenstand durchbohrt werden. Herakles beschloss daraufhin, dem Löwen in sein Zuhause zu folgen. Dort versperrte er einen Eingang und schlich sich durch den anderen hinein. Er musste im Dunkeln herumtasten, um den Löwen zu finden, und als er ihn gefunden hatte, betäubte er ihn mit seiner Keule. Dann erwürgte Herakles den Löwen mit bloßen Händen zu Tode. Die unbesiegbare Haut des Löwen beeindruckte ihn so sehr, dass er beschloss, sie als Rüstung zu benutzen. Er hatte jedoch keine Möglichkeit, sie zu entfernen, bis Athene ihm zeigte, wie er die Krallen des Löwen zum Häuten des Tieres benutzen konnte. Herakles kleidete sich in das Fell des Löwen, benutzte seine Kopfhaut als Helm und kehrte nach Hause zurück.

Obwohl er der Hochkönig von zwei Ländern und der Enkel des großen Helden Perseus war, war Eurystheus schwach und feige. Als sich sein Cousin näherte, floh er und dachte, der Löwe sei gekommen, um sich an ihm zu rächen. Doch bald erkannte er, dass es Herakles war, der das Fell des Löwen trug, und schickte ihn auf seine zweite Aufgabe.

Diesmal wurde Herakles gebeten, die Hydra von Lernaea zu töten. Hera hatte das Ungeheuer in einem giftigen Sumpf aufgezogen, damit es eines Tages Herakles töten würde. Das Ungeheuer hatte einen unsterblichen und acht sterbliche Köpfe, insgesamt also neun Köpfe. Herakles bedeckte Mund und Nase, um dem Gift des Sumpfes zu entgehen, und machte die Hydra auf sich aufmerksam, indem er flammende Pfeile in die Nähe ihres Verstecks schoss. Die Bestie stürzte sich auf ihn und griff ihn an, aber Herakles gelang es, ihr mehrere Köpfe abzuschlagen. Der junge Held merkte jedoch bald, dass für jeden abgeschlagenen Kopf zwei weitere aus den Stümpfen wuchsen. Herakles hätte sich der Hoffnungslosigkeit ergeben, aber er war nicht allein. Sein Neffe Iolaus (Sohn von Herakles' Zwillingsbruder) war bei ihm, und der junge Mann wurde von Athene geliebt und gesegnet. Ihre Weisheit leitete ihn bei der Ausarbeitung eines Plans. Iolaus folgte Herakles mit einer Fackel und verbrannte die Stümpfe jedes Mal, wenn Herakles einen der Köpfe der Hydra abschlug. Seine List funktionierte und das Ungeheuer begann zu schwächeln.

Aber Hera war noch nicht fertig. Sie schickte eine riesige Krabbe ins Gefecht. Herakles zögerte nicht. Mit einem Fußtritt zerstörte er die Kreatur. Schließlich war nur noch der unsterbliche Kopf der Hydra übrig. Herakles schlug ihn mit einem goldenen Schwert ab, das Athene ihm geschenkt hatte. Iolaus verbrannte den Stumpf, und die Hydra starb. Da Herakles wusste, dass das Blut der Hydra giftig war, benutzte er es, um die Spitze seiner Pfeile zu bestreichen.

Herakles erhielt dann von seinem Cousin den Auftrag, die Keryneische Hindin zu fangen. Dieser Hirsch war schnell und wurde von Artemis geliebt. Seine Hufe waren aus Bronze und sein Geweih aus Gold. Herakles jagte das Tier ein Jahr lang, bevor er es im Schlaf einfing. Nun wollte Hera, dass Artemis Herakles im Zorn dafür bestraft, dass er es gewagt hatte, ihr geliebtes Reh zu entführen. Doch als sie und ihr Zwilling Apollo vor Herakles erschienen, bat er sie um Vergebung und erklärte ihr seine Aufgabe und den Sinn dahinter. Artemis war gerührt und stimmte zu, ihn mit dem Tier gehen zu lassen, solange er es unversehrt freilässt.

Als Herakles zurückkehrte, versuchte Eurystheus sofort, den heiligen Hirsch für sich zu beanspruchen. Der junge Held überlistete seinen Cousin, indem er versuchte, das Tier zurück in den Palast zu führen. Als Eurystheus dies versuchte, ließ Herakles das Tier los und es lief zurück zur Göttin.

"Es tut mir leid, Cousin", war Herakles' Entschuldigung, "du warst einfach nicht schnell genug."

Eurystheus versuchte erneut, den Tod von Herakles zu inszenieren. Diesmal schickte er ihn auf die Jagd nach dem Erymanthischen Eber. Dieses Wildschwein war auch der Artemis heilig. Auf dem Weg, den Eber zu fangen, machte Herakles in der Behausung des Zentauren Pholus Halt und teilte mit ihm eine Mahlzeit. Herakles hatte starken, unverdünnten

Wein dabei und alle Zentauren tranken davon, ohne ihn zu verwässern. Das machte sie so betrunken, dass sie versuchten, den Helden anzugreifen und zu töten. Herakles verteidigte sich, indem er seine vergifteten Pfeile auf sie schoss und die Überlebenden flohen in Chirons Höhle. Herakles war so wütend, dass er sie verfolgte und immer noch blindlings schoss. Einer der Pfeile traf seinen geliebten Mentor, Chiron.

Als erster Zentaur war Chiron unsterblich, aber die Schmerzen durch das Gift waren unerträglich. Er flehte Zeus an, ihm seine Unsterblichkeit zu nehmen und ihm zu erlauben, den Platz mit Prometheus zu tauschen. Zeus stimmte zu. Herakles konnte nicht mit ansehen, wie sein Mentor von dem Adler gequält wurde, und benutzte einen seiner vergifteten Pfeile, um ihn zu töten. Chiron erklärte Herakles dann, wie er den Eber fangen konnte.

"Locke ihn einfach in den tiefen Schnee", riet ihm der weise Zentaur.

Herakles tat dies und fing die Kreatur mit Leichtigkeit ein. Als er es zu seinem Cousin brachte, versteckte sich der verängstigte König und befahl Herakles, das Wildschwein zu beseitigen.

Nachdem dies geschehen war, gab Eurystheus Herakles seine fünfte Aufgabe. Anstatt ihn einfach zu töten, wollte er den Helden demütigen. So befahl er ihm, die Ställe von König Augeas an einem einzigen Tag zu reinigen. Augeas, der König von Elis, hatte eine riesige Menge gesunder, schöner und unsterblicher Pferde. Der Mist, den sie produzierten, war reichlich vorhanden, aber die Ställe waren seit drei Jahrzehnten nicht mehr ausgemistet worden.

Als er im Palast von König Augeas ankam, bat Herakles um ein Zehntel der Rinder des Königs, wenn er seine Aufgabe in der vorgegebenen Zeit erledigen würde. Der skeptische König willigte ein. Herakles leitete sofort zwei Flüsse um und die Ställe wurden sauber gewaschen. Leider weigerte sich König Augeas, seinen Teil der Abmachung einzuhalten. Mit Hilfe von Augeas' eigenem Sohn, Prinz Peneus, brachte Herakles den hinterlistigen König vor Gericht. Das Gericht entschied zu Herakles' Gunsten, und der verärgerte, in Ungnade gefallene König verbannte den Helden und seinen Sohn aus dem Königreich, noch bevor das Gericht seine Entscheidung verkündet hatte. Der wütende Herakles kehrte sofort nach Elis zurück, tötete den König und setzte Peneus auf den Thron. Herakles rief die Olympischen Spiele ins Leben, um die Vollendung seiner Aufgabe zu feiern.

Herakles' nächste Aufgabe war es, die stymphalischen Vögel zu töten. Das waren Ares geweihte Ungeheuer mit bronzenen Schnäbeln, metallischen Federn und giftigem Dung. Sie waren Menschenfresser, die ihre Federn benutzten, um ihre Beute anzugreifen. Herakles' Versuche, sie zu erreichen, wurden durch die Tiefe des Sumpfes, in dem sie lebten, behindert. Er wusste, dass er ertrinken würde, bevor er ihre Höhle erreichte. Wieder einmal kam die Göttin Athene ihrem sterblichen Halbbruder zu Hilfe. Sie gab ihm eine Rassel, die die Vögel aufschreckte und sie in die Luft schickte. Sobald sie in der Luft waren, schoss Herakles sie mit seinen vergifteten Pfeilen ab. Die überlebenden Vögel flohen in ferne Länder.

Eurystheus gab Herakles dann die siebte Aufgabe. Diesmal sollte der Held den kretischen Stier fangen. Diese Bestie hatte die Insel Kreta verwüstet. Mit der Erlaubnis von König Minos fing Herakles den Stier mit bloßen Händen ein und brachte ihn zu seinem Cousin zurück. Eurystheus versteckte sich erneut und ordnete an, dass das Tier Hera geopfert werden sollte. Um dieses Opfer anzunehmen, müsste Hera jedoch Herakles' Erfolge anerkennen, also weigerte sie sich. Herakles ließ das Tier frei und es wanderte in ein anderes Land, wo es schließlich von Theseus eingefangen und Artemis und Apollo geopfert wurde.

Die achte Arbeit war das Einfangen der Stuten von Diomedes. Diomedes, König von Thrakien, hatte seine Pferde mit Menschenfleisch aufgezogen. Das trieb sie in den Wahnsinn und sie entwickelten die Fähigkeit, Feuer zu spucken. Herakles erkannte, dass er die Aufgabe nicht allein bewältigen konnte, und so holte er sich die Hilfe einiger junger Männer. Sie stahlen die Tiere, wurden aber von der thrakischen Armee gejagt und mussten fliehen. Herakles ließ die Stuten in der Obhut seines Freundes Abderus zurück, während er sich dem Heer entgegenstellte. Leider fraßen die Stuten Abderus, während Herakles gegen Diomedes kämpfte. Der wütende Held verfütterte den König von Thrakien an die Stuten und baute dann eine Stadt zum Gedenken an seinen Freund. Das Fressen ihres ehemaligen Herrn beruhigte die Pferde und Herakles band ihnen die Mäuler zu. Er brachte sie zu Eurytheus, der die nun friedlichen Stuten freiließ.

Die nächste Arbeit wurde von Eurystheus' Tochter Admete beeinflusst. Die Prinzessin wünschte sich den Gürtel, den Königin Hippolyta von Ares erhalten hatte. Eurystheus schickte Herakles, um den Gürtel zu besorgen. Auf dem Weg zu den Amazonen wurden zwei von Herakles' Begleitern von König Minos' Sohn erschlagen. Herakles tötete die Prinzen und nahm zwei von Minos' Enkeln als Ersatz für seine gefallenen Kameraden mit. Er reiste weiter, wo die Amazonen lebten. Königin Hippolyta war voller Ehrfurcht vor dem Helden und willigte bereitwillig ein, den Gürtel abzugeben, obwohl er ein Geschenk ihres Vaters war. Doch Hera wählte diesen Moment, um erneut zuzuschlagen. Sie verbreitete unter den Amazonen das Gerücht, Herakles wolle ihre Königin entführen. Die Kriegerinnen bewaffneten sich gegen den Helden und Herakles dachte, es sei eine Verschwörung von Hippolyta, tötete sie, nahm den Gürtel und ging.

Die zehnte Arbeit wäre die letzte gewesen, wenn Eurystheus sich nicht geweigert hätte, zwei der Aufgaben anzuerkennen. Der feige König befahl Herakles, das Vieh von Geryon zu stehlen. Um zu den Rindern zu gelangen, musste Herakles die libysche Wüste durchqueren. Die Hitze zehrte an seinen Kräften und frustrierte ihn so sehr, dass er einen Pfeil auf Helios, den Gott der Sonne, schoss. Der Gott war von Herakles' Tapferkeit angetan und bot ihm seinen goldenen Streitwagen zum Reiten an. Herakles kam in einer Nacht an seinem Ziel an. Um zu den Rindern zu gelangen, musste Herakles zuerst Orthrus, dem zweiköpfigen Bruder des Zerberus, gegenübertreten. Der Held tötete den Hund mit einem Schlag. Er tötete auch den Hirten Eurytion, der ihn angriff, nachdem der Hund tot war. Geryon war ein Riese mit drei menschenähnlichen Oberkörpern, die durch die Taille verbunden waren. Als er hörte, was der Held getan hatte, bewaffnete er sich mit drei Helmen, Speeren und Schilden und stellte sich Herakles entgegen. Ein Schuss von Herakles' Stirn durchbohrte ihn und tötete ihn auf der Stelle.

Das Vieh zu Eurystheus zu bringen, war keine leichte Aufgabe. Herakles erschlug zwei Söhne des Poseidon, die versuchten, ihm das Vieh zu stehlen. Ein Stier entkam ins Meer und schwamm nach Italien, wo er Teil der Herden des Königs wurde. Herakles vertraute die Pflege der übrigen Rinder dem Gott Hephaistos an und suchte nach dem verschwundenen Stier. Als er ihn fand, forderte ihn der Herrscher Eryx zu einem Ringkampf heraus. Herakles gewann dreimal hintereinander und tötete den König.

Nachdem er alle Rinder eingesammelt hatte, stand Herakles vor der nächsten Herausforderung, als Hera eine Bremse schickte, um die Herde zu zerstreuen. Herakles musste sie wieder zusammenbringen. Dann überflutete die Göttin einen Fluss und Herakles musste mit Steinen eine Brücke bauen. Schließlich trieb er die Rinder zu Eurystheus, wo sie geopfert wurden.

An diesem Punkt verkündete Eurystheus, dass zwei der Arbeiten ungültig seien.

"Du hast dir von Iolaus bei der Hydra helfen lassen und du hast dich dafür bezahlen lassen, dass du die Ställe von König Augeas ausmistest. Die beiden Flüsse haben die Reinigung für dich übernommen", erklärte der feige König.

Also musste Herakles eine weitere Aufgabe erfüllen. Diesmal befahl Eurystheus ihm, drei goldene Äpfel aus dem Garten der Hesperiden zu stehlen. Diese Nymphen waren die Töchter des Atlas und wurden mit dem Sonnenuntergang in Verbindung gebracht. Ihr Garten befand sich weit im Westen. Um ihren genauen Standort zu erfahren, packte Herakles Nereus und kämpfte mit ihm. Nereus war der Sohn von Gaia. Er war als "Alter Mann des Meeres" bekannt und hatte die Gabe der Prophezeiung und die Fähigkeit, sich zu verwandeln. Herakles hielt an Nereus fest, obwohl der Gott alle seine Formen annehmen konnte. Schließlich lenkte der Meeresgott ein und erzählte Herakles, was er wissen wollte.

Herakles' Reise wurde von Antäus, dem halbriesen Sohn von Gaia und Poseidon, unterbrochen. Während ihres Kampfes merkte Herakles, dass Antäus Kraft aus der Erde schöpfte und unbesiegbar wurde. Der Held konterte, indem er Antäus vom Boden aufhob und ihn mit seinen Armen zu Tode zermalmte. Danach fand Herakles endlich den Garten. Der Garten war jedoch geschützt, und Herakles hatte Schwierigkeiten, die goldenen Äpfel zu finden. Er überzeugte Atlas, einem Handel zuzustimmen: Herakles würde den Himmel aufhalten, während Atlas die Äpfel holte. Atlas hatte jedoch die Absicht, den Helden zu verraten. Der Titan beschloss, Herakles mit seiner Last allein zu lassen und die Äpfel selbst zu Eurystheus zu bringen. Herakles gab vor, damit einverstanden zu sein, verlangte aber eine Sache.

"Wenn du den Himmel noch einmal für ein paar Augenblicke aufhalten würdest, würde ich gerne meinen Umhang zurechtrücken", sagte er.

Atlas stimmte zu und schulterte wieder einmal den Himmel. Aber Herakles hatte nicht die Absicht, zu bleiben. Er holte die Äpfel und machte sich auf den Weg.

Und endlich hatte Herakles seine letzte Aufgabe erreicht. Eurystheus beauftragte ihn damit, Cereberus zu fangen, den dreiköpfigen Hund, der die Unterwelt bewachte. Herakles musste zuerst die Eleusinischen Mysterien erlernen, die ihn lehrten, wie er zwischen den Reichen der Lebenden und der Toten reisen konnte. Als er am Eingang zum Hades ankam, kamen ihm die Götter zu Hilfe. Athene und Hermes halfen ihm, die Unterwelt zu betreten. Dort angekommen, rang Herakles mit Charon um die sichere Überquerung des Flusses Acheron.

In der Unterwelt traf Herakles auf Theseus und Pirithos, die zur Strafe für den Versuch, Persephone zu stehlen, auf magische Weise an Stühle gekettet worden waren. Er konnte Theseus retten (obwohl Theseus' Oberschenkel am Stuhl kleben blieb), aber Pirithos nicht (Hades weigerte sich, ihn gehen zu lassen, weil er Persephone begehrte). Nachdem er seinen Cousin gerettet hatte, ging der Held weiter, bis er vor Hades stand und darum bat, Cereberus ausleihen zu dürfen.

Der Gott stimmte zu. "Aber du musst ihn selbst ergreifen, ohne irgendwelche Waffen zu benutzen."

Der monströse Wachhund war Herakles nicht gewachsen und wurde bald aus der Unterwelt in Eurystheus' Palast getragen. Der feige König versteckte sich erneut und ordnete an, dass Cereberus in den Hades zurückgebracht werden sollte. Außerdem befreite er Herakles endlich von seiner Arbeit.

Das war noch lange nicht das Ende der Abenteuer von Herakles. Er hatte viele Prüfungen zu bestehen, besiegte Menschen und Ungeheuer und reiste weit und breit.

Der Tod des Herakles

Herakles heiratete schließlich eine Frau namens Deianira. Sie war wunderschön, und der Zentaur Nessus versuchte, sie zu vergewaltigen. Herakles rettete sie, indem er den Zentauren mit einem seiner vergifteten Pfeile erschoss. Als er im Sterben lag, sagte er ihr, sie solle sein Blut mit Olivenöl vermischen und es benutzen, damit ihr Mann ihr immer treu bleibe. Die naive Königin glaubte ihm und nahm sein Blut. Schließlich verliebte sich Herakles in eine andere Frau. Deianira erinnerte sich an die Worte des Zentauren, mischte das Blut mit Olivenöl und schmierte es auf Herakles' Hemd. Sie schickte es ihm, und er trug es. Das Hydra-Gift in Nessus' Blut verbrannte Herakles in der Sekunde, in der er das Hemd anhatte. Der Schmerz war so groß, dass er einen Scheiterhaufen errichtete, auf den er kletterte und die Umstehenden bat, ihn anzuzünden. Ein Passant tat dies im Tausch gegen seinen Bogen und seine Pfeile. Herakles starb und stieg als Gott in den Olymp auf.

Kapitel 6: Theseus

Die sechs Aufgaben des Theseus

Obwohl er zwei Frauen hatte, fand sich Ägeus, König von Athen, ohne einen Erben wieder. Wie alle Männer zu dieser Zeit suchte er das Orakel von Delphi auf, um Rat zu erhalten. Die Prophezeiung, die ihm gegeben wurde, war jedoch kryptisch. König Aegeus wandte sich an Pittheus, den König von Troezen, um Hilfe. Der gerissene König verstand die Prophezeiung sofort und plante, seine Tochter Aethra mit Aegeus schlafen zu lassen. Doch in derselben Nacht schlief auch Poseidon mit der Prinzessin. Bald darauf wurde sie schwanger. König Aegeus beschloss, nach Hause zurückzukehren, warnte sie aber davor, dem Kind von seiner Herkunft zu erzählen.

"Wenn das Kind ein Junge ist, zeige ihm diesen Felsen, auf dem ich meine Geschenke hinterlasse. Wenn er sie aufheben kann, schicke ihn zu mir, damit ich weiß, dass er der Erbe meines Königreichs ist."

Ob er nun der Sohn von König Ägeus oder von Poseidon selbst war, Theseus wuchs zu einem tapferen und mächtigen Mann heran. Seine Abenteuer begannen, als er das Erwachsenenalter erreichte. An diesem Tag zeigte ihm seine Mutter den Stein, den Aegeus hinterlassen hatte.

"Unter diesem Stein", sagte sie, "befinden sich Geschenke von deinem Vater. Wenn du stark genug bist, ihn zu heben und diese Geschenke zu holen, kannst du zu ihm reisen."

Theseus hob eifrig den Stein an und entdeckte die Sandalen und das Schwert, die darunter verborgen waren. Da er alt und stark genug war, riet ihm seine Mutter, die Gegenstände dem König Ägeus von Athen zu übergeben.

"Wenn du das tust, wirst du etwas über deinen Vater erfahren", sagte sie ihm.

Theseus machte sich sofort auf die Suche. Doch die Reise war nicht so einfach, wie er es sich vorgestellt hatte. Sein Weg führte ihn zu den Wohnstätten von Periphetes, dem Sohn des Hephaistos. Eines seiner Beine war lahm und er hatte nur ein Auge. Trotzdem griff er jeden Reisenden, der seinen Weg kreuzte, an und schlug ihn brutal. Dann nahm er all ihre Besitztümer für sich selbst. Als der Räuber versuchte, Theseus mit seiner bronzenen Keule zu töten, riss der Held sie ihm aus der Hand und schlug ihn zu Tode. Theseus behielt die Keule dann für sich.

Auf seinen weiteren Reisen traf Theseus einen anderen Räuber, Sinis. Sinis, der als Pinienbieger bekannt war, fesselte einen Mann zwischen zwei gebogenen Kiefern und ließ sie dann los. Wenn die Kiefern wieder in ihre ursprüngliche Position zurückkehrten, wurde der Mann brutal in zwei Teile gerissen. Theseus überwältigte ihn schnell und behandelte ihn mit dem gleichen Schicksal wie die, die er getötet hatte. Der Held ging sogar noch weiter und schlief mit Sinis' Tochter und schwängerte sie.

Theseus ging in das Land Crommyon, wo er auf die crommyonische Sau traf. Die Wildsau hatte das Land terrorisiert und Theseus tötete sie. Danach traf Theseus einen weiteren Räuber, Sciron. Sciron war dafür bekannt, dass er Reisende zwang, ihm die Füße zu waschen. Wenn sie sich dazu bückten, stieß er sie von der Klippe ins Meer, wo sie von der Riesenschildkröte verschlungen wurden, die hungrig am Grund wartete. Und wieder einmal sorgte Theseus für poetische Gerechtigkeit. Als Sciron sich anschickte, ihn zu treten, packte

Theseus den Räuber und warf ihn von der Klippe. Die Schildkröte zögerte nicht lange und fraß ihn.

Als Theseus in Eleusis ankam, traf er auf König Cercyon. Der König war dafür bekannt, Reisende zu einem Ringkampf auf Leben und Tod herauszufordern. Theseus war jedoch geschickter als der König und warf ihn so hart zu Boden, dass er starb. Theseus schlief wieder einmal mit der Tochter des Mannes, den er getötet hatte.

Das letzte Hindernis, auf das Theseus vor seiner Ankunft in Athen stieß, war Prokrustes. Prokrustes schien ein freundlicher und gastfreundlicher Mann zu sein. Wann immer ein Reisender vorbeikam, bot er ihm ein Bett an, in dem er die Nacht verbringen konnte. Doch jeder Reisende, der das Angebot annahm und sich hinlegte, wurde von Prokrustes schnell zu einem Bett gemacht. Er schnitt ihnen die Beine mit einer Axt ab, wenn sie zu groß waren, oder verlängerte sie mit einem Hammer, wenn sie zu kurz waren. Wie bei den anderen überwand Theseus ihn. Und obwohl Prokrustes perfekt in das Bett passte, schlug der Held ihm Beine und Kopf ab.

Nach seiner langen und beschwerlichen Reise kam der junge Prinz endlich in Athen an. Zu dieser Zeit hatte Aegeus jedoch die Zauberin Medea wieder geheiratet. Sie erkannte Theseus schnell und sah in ihm eine Bedrohung für ihren Sohn, den sie für den zukünftigen König von Athen hielt. Medea hatte bereits bewiesen, dass sie rücksichtslos und blutrünstig war, als sie ihre beiden Kinder von dem Helden Jason ermordete, um sich dafür zu rächen, dass er sie wegen einer anderen Frau verlassen hatte. Sie überzeugte Ägeus davon, dass dieser seltsame junge Mann eine Gefahr für ihn war und überzeugte den König, ihn auf die Jagd nach dem Marathonischen Stier zu schicken. Dieser Stier war früher als kretischer Stier bekannt, den Herakles bei einer seiner Arbeiten gefangen hatte. Wie seinem Cousin gelang es auch Theseus, das Tier zu jagen und zu fangen. Er brachte ihn vor Ägeus und Medea, bevor er ihn den Zwillingsgöttern Artemis und Apollo opferte.

Aber Medea ließ sich nicht abschrecken. Sie versuchte dann, den jungen Prinzen während eines Festmahls zu vergiften. Zum Glück erkannte König Aegeus seine Sandalen und sein Schwert und erriet die Absicht seiner Frau. Der König schlug seinem Sohn sofort den Wein aus den Händen und verbannte Medea. Aegeus hieß seinen Sohn willkommen und ernannte ihn zum Thronfolger von Athen.

Theseus und der Minotaurus

Theseus war noch nicht lange in Athen, als er den Tribut entdeckte, den sie an König Minos auf Kreta zahlen mussten. Jedes Jahr wurden sieben Jungfrauen und sieben Krieger in das Labyrinth auf Kreta geschickt, wo sie vom Minotaurus verschlungen wurden. Der kretische König hatte diese Steuer als Strafe für die Ermordung seiner Söhne durch die Athener verhängt.

Dieser Minotaurus war das Produkt der Frau von König Minos, Pasiphae, und des kretischen Stiers. Die Königin war verflucht worden, den Stier zu begehren und hatte heimlich mit ihm geschlafen. Das Ergebnis war ein Kind mit einem menschlichen Körper und dem Kopf eines Mannes. Der beschämte Minos beauftragte den großen Erfinder Dädalus, ein Labyrinth zu bauen, um den Minotaurus zu verwahren.

Nachdem er von dem Tribut gehört hatte, bat Theseus seinen Vater, ihn zu den Kriegern zu zählen, die für die Opferung ausgewählt wurden. "Ich werde den Minotaurus töten und unser Volk befreien."

Ägeus stimmte unter einer Bedingung zu.

"Versprich mir, dass du, wenn du zurückkehrst, weiße Segel an deinem Schiff aufziehen wirst", sagte der König. "Dann sehe ich die Schiffe schon von weitem und weiß, dass mein kostbarer Sohn noch lebt."

Theseus stimmte zu und machte sich mit dem Rest der Tribute auf den Weg. Als sie auf Kreta ankamen, erklärte er König Minos kühn, dass er das Ungeheuer im Labyrinth töten würde. Minos begegnete seinen Forderungen mit Spott. Theseus' Tapferkeit und sein edles Auftreten erregten jedoch die Aufmerksamkeit der Prinzessin Ariadne. Sie verliebte sich tief in ihn und beschloss, ihm bei seiner Suche zu helfen. Die Prinzessin bat Dädalus, ihr das Geheimnis zu verraten, wie man das Labyrinth durchquert. Der Erfinder tat dies und gab ihr ein Garnknäuel, das sie Theseus schenkte.

"Lass das aufdröseln, während du durch das Labyrinth gehst. Es wird dir helfen, den Weg zurück zu finden", sagte sie zu dem jungen Helden.

Theseus nahm den Faden an und tauchte tief in die Tiefen des Labyrinths ein. Er fand den Minotaurus in der Mitte und tötete ihn nach einem kurzen Kampf. Dann verließ der Held das Labyrinth, indem er dem Faden folgte. Er nahm die Prinzessin mit, versammelte seine Männer und floh. Wie versprochen, heiratete Theseus Ariadne bei einem ihrer kurzen Aufenthalte auf einer Insel, um ihre Hilfe zu erhalten.

Doch die Ehe von Theseus und Ariadne sollte so schnell enden, wie ihre Liebe begonnen hatte. Während die Prinzessin noch schlief, enterten Theseus und seine Männer ihr Schiff und ließen sie zurück. Sie wachte allein auf und war am Boden zerstört. Doch der Gott Dionysos hatte sich in sie verliebt und kam ihr zu

Hilfe. Er machte sie zu seiner Frau und nahm sie mit auf den Olymp, um mit ihr zu leben.

Theseus segelte unterdessen weiter nach Hause. In all der Aufregung vergaß er sein Versprechen gegenüber seinem Vater. Der trauernde König sah die schwarzen Segel des Schiffes und stürzte sich in den Tod. Was für Theseus eine freudige Heimkehr gewesen wäre, wurde zu einer traurigen Angelegenheit. Der junge Held wurde anstelle seines Vaters zum König gekrönt.

Der Tod des Theseus

Theseus war zwar ein großer König, der viel erreicht hat, aber die Wahl seiner Freunde und sein Umgang mit Frauen führten schließlich zu seinem Verhängnis. Er freundete sich mit König Pirithos an und beide reisten zu den Amazonen, um Frauen zu erobern. Theseus' Frau gebar ihm einen Sohn namens Hippolytos. Theseus wurde ihrer jedoch überdrüssig und heiratete stattdessen Ariadnes Schwester Phaedra. Phaedra verliebte sich in Hippolytos, aber er verschmähte sie. Aus Rache erzählte sie Theseus, dass sein Sohn sie vergewaltigt hatte. Der wütende Theseus verfluchte seinen Sohn, woraufhin Hippolytus von seinen Pferden getötet wurde. Phaedra erhängte sich.

Theseus machte sich auf die Suche nach einer anderen Frau. Pirithous und Theseus beschlossen, dass sie es als Kinder von Göttern verdienten, Töchter von Göttern zu heiraten. Theseus wählte die junge Helena von Troja und entführte sie. Er gab das Kind seiner Mutter, damit sie es aufzog, bis sie im heiratsfähigen Alter war, aber Helens Bruder rettete sie. Trotz des Verlustes von Helena willigte Theseus ein, in die Unterwelt zu reisen, um Persephone zu fangen, damit Pirithos sie heiraten konnte. Sie scheiterten und wurden für ihr Verbrechen bestraft.

Theseus blieb viele Jahre lang in der Unterwelt, bevor er von Herakles befreit wurde. Er kehrte nach Athen zurück und musste feststellen, dass ein neuer Herrscher gewählt worden war. Dieser war nicht bereit, auf den Thron zu verzichten, also floh Theseus nach Skyrus, wo König Lykomedes ihn willkommen hieß. Aber Lykomedes war ein Unterstützer des neuen Herrschers von Athen. Während er vorgab, Theseus eine Führung über die Insel zu geben, stieß Lykomedes den Helden von einer Klippe.

Fazit

Die griechische Mythologie war für die alten Griechen mehr als nur eine Geschichte. Sie waren Wegweiser, die sie lehrten, wie sie leben und wie sie verehren sollten. Sie formte ihre Religion, lenkte ihr Leben und half ihnen, die Welt um sie herum zu verstehen. Die Griechen waren nicht anfällig für langweilige religiöse Texte. Sie begrüßten Geschichtenerzähler, die ihr Verständnis für die Götter erweiterten.

Die Griechen glaubten an viele Götter. Von den Hunderten, die sie verehrten, bildeten vierzehn den Grundpfeiler ihrer Religion. Zwölf von ihnen waren als Olympier bekannt, angeführt von Zeus, dem Gott des Donners und der Gerechtigkeit. Diese Götter waren nicht perfekt. Sie waren gewalttätig, lüstern, launisch und grausam. Sie mischten sich in die Angelegenheiten der Menschen ein, schliefen mit unzähligen Frauen und bevölkerten die Erde mit Halbgöttern und Monstern. Die Griechen glaubten, dass es schreckliche Folgen hatte, wenn man die Götter entehrte oder sie nicht genug ehrte.

Neben den Göttern hatten die Griechen auch viele Geschichten über Helden. Diese Helden waren oft Kinder der Götter und vollbrachten große Taten. Sie galten als Beispiele für starke und mutige Menschen. Viele dieser Helden erlitten jedoch aufgrund ihres Stolzes und ihrer Respektlosigkeit gegenüber den Göttern ein tragisches Schicksal. Die Griechen lernten aus den Fehlern der Helden ebenso viel wie aus ihren Leistungen.

Heute ist die griechische Mythologie in der modernen Gesellschaft weit verbreitet. Sie findet sich in der Medizin, Philosophie, Astrologie und Sprache wieder. Die Geschichten wurden auf unzählige Arten neu erzählt. Die komplizierten und schönen Geschichten der griechischen Mythologie werfen ein Licht auf die Denkweise eines antiken Volkes und regen gleichzeitig die Fantasie der heutigen Gesellschaft an.

Referenzen

Adkins, A. & Pollard, J.R.T. (2020). Greek religion. Encyclopedia Britannica. https://www.britannica.com/topic/Greek-religion

Ancient Greek myth for kids: The gift of fire - Zeus & Prometheus - Ancient Greek myth for kids (n.d.) https://greece.mrdonn.org/greekgods/prometheus.html

Aphrodite (2014). Greek Gods & Goddesses. https://greekgodsandgoddesses.net/goddesses/aphrodite/

Apollo (2014). Greek Gods & Goddesses. https://greekgodsandgoddesses.net/gods/apollo/

Ares (2014) Greek Gods & Goddesses. https://greekgodsandgoddesses.net/gods/ares/

Artemis (2014). Greek Gods & Goddesses. https://greekgodsandgoddesses.net/goddesses/artemis/

Athena (2014) Greek Gods & Goddesses. https://greekgodsandgoddesses.net/goddesses/athena/

Atsma, A.J. (n.d.) Chiron (Kheiron) – elder centaur of Greek Mythology. https://www.theoi.com/Georgikos/KentaurosKheiron.html

Atsma, A.J. (n.d.) Pasiphae- Greek goddess and witch – queen of Crete. https://www.theoi.com/Titan/Pasiphae.html

Atsma, A.J. (n.d.). CHARON (Kharon) - ferryman of the dead, underworld daemon of Greek mythology https://www.theoi.com/Khthonios/Kharon.html

Atsma, A.J. (n.d.). Echidna (Ekhidna) – serpent-nymph mother of monsters in Greek mythology. https://www.theoi.com/Ther/DrakainaEkhidna1.html

Britannica, T. Editors of Encyclopaedia (2007). Aeacus. Encyclopedia Britannica. https://www.britannica.com/topic/Aeacus

Britannica, T. Editors of Encyclopaedia (2019). Hephaestus. Encyclopedia Britannica. https://www.britannica.com/topic/Hephaestus

Britannica, T. Editors of Encyclopaedia (2020). Aphrodite. Encyclopedia Britannica. https://www.britannica.com/topic/Aphrodite-Greek-mythology

Britannica, T. Editors of Encyclopaedia (2020). Demeter. Encyclopedia Britannica. https://www.britannica.com/topic/Demeter

Britannica, T. Editors of Encyclopaedia (2020). Hera. Encyclopedia Britannica. https://www.britannica.com/topic/Hera

Britannica, T. Editors of Encyclopaedia (2020). Theseus. Encyclopedia Britannica. https://www.britannica.com/topic/Theseus-Greek-hero

Britannica, T. Editors of Encyclopaedia (2021). Athena. Encyclopedia Britannica. https://www.britannica.com/topic/Athena-Greek-mythology

Britannica, T. Editors of Encyclopaedia (2021). Hades. Encyclopedia Britannica. https://www.britannica.com/topic/Hades-Greek-mythology

Britannica, T. Editors of Encyclopaedia (2021). Heracles.
    Encyclopedia Britannica.
    https://www.britannica.com/topic/Heracles

Britannica, T. Editors of Encyclopaedia (2021). Hestia.
    Encyclopedia Britannica.
    https://www.britannica.com/topic/Hestia

Britannica, T. Editors of Encyclopaedia (2021). Odysseus.
    Encyclopedia Britannica.
    https://www.britannica.com/topic/Odysseus

Britannica, T. Editors of Encyclopaedia (2021). Poseidon.
    Encyclopedia Britannica.
    https://www.britannica.com/topic/Poseidon

Britannica, T. Editors of Encyclopaedia (2021). Prometheus.
    Encyclopedia Britannica.
    https://www.britannica.com/topic/Prometheus-Greek-
    god

Britannica, T. Editors of Encyclopaedia (2021). Typhon.
    Encyclopedia Britannica.
    https://www.britannica.com/topic/Typhon

Britannica, T. Editors of Encyclopaedia (2021). Zeus.
    Encyclopedia Britannica.
    https://www.britannica.com/topic/Zeus

Cartwright, M. (2012). Achilles. World History Encyclopedia.
    https://www.worldhistory.org/achilles/

Cartwright, M. (2012). Perseus. World History Encyclopedia.
    https://www.worldhistory.org/Perseus/

Cartwright, M. (2016). Theseus. World History Encyclopedia.
    https://www.worldhistory.org/Theseus/

Cartwright, M. (2018). Ancient Greek religion. World History Encyclopedia. https://www.worldhistory.org/Greek_Religion/

Demeter (2014). Greek Gods and Goddesses. https://greekgodsandgoddesses.net/goddesses/demeter/

Dionysus (2014). Greek Gods and Goddesses. https://greekgodsandgoddesses.net/gods/dionysus/

Echidna, (2017). Greek Gods & Goddesses. https://greekgodsandgoddesses.net/myths/echidna/

Gill, N.S. (2021). Hesiod's Five Ages of Man. https://www.thoughtco.com/the-five-ages-of-man-111776

GreekBoston.com (n.d.). What are the six labors of Theseus https://www.greekboston.com/culture/mythology/six-labors-theseus/

GreekMythology.com, T. Editors of Website (2015). Hector. GreekMythology.com Website. https://www.greekmythology.com/Myths/Mortals/Hector/hector.html

GreekMythology.com, T. Editors of Website (2021) Perscus. GreekMythology.com Website. https://www.greekmythology.com/Myths/Heroes/Perseus/perseus.html

GreekMythology.com, T. Editors of Website (2021). Aeacus. GreekMythology.com Website. https://www.greekmythology.com/Myths/Mortals/Aeacus/aeacus.html

GreekMythology.com, T. Editors of Website (2021). Aphrodite. GreekMythology.com Website.

https://www.greekmythology.com/Olympians/Aphrodite/aphrodite.html

GreekMythology.com, T. Editors of Website (2021). Apollo. GreekMythology.com Website. https://www.greekmythology.com/Olympians/Apollo/apollo.html

GreekMythology.com, T. Editors of Website (2021). Ares. GreekMythology.com Website. https://www.greekmythology.com/Olympians/Aris/aris.html

GreekMythology.com, T. Editors of Website (2021). Artemis. GreekMythology.com Website. https://www.greekmythology.com/Olympians/Artemis/artemis.html

GreekMythology.com, T. Editors of Website (2021). Athena. GreekMythology.com Website. https://www.greekmythology.com/Olympians/Athena/athena.html

GreekMythology.com, T. Editors of Website (2021). Demeter. GreekMythology.com Website. https://www.greekmythology.com/Other_Gods/Demeter/demeter.html

GreekMythology.com, T. Editors of Website (2021). Dionysus. GreekMythology.com Website. https://www.greekmythology.com/Other_Gods/Dionysus/dionysus.html

GreekMythology.com, T. Editors of Website (2021). Hades. GreekMythology.com Website. https://www.greekmythology.com/Olympians/Hades/hades.html

GreekMythology.com, T. Editors of Website (2021). Hephaestus. GreekMythology.com Website. https://www.greekmythology.com/Olympians/Hephaestus/hephaestus.html

GreekMythology.com, T. Editors of Website (2021). Hera. GreekMythology.com Website. https://www.greekmythology.com/Olympians/Hera/hera.html

GreekMythology.com, T. Editors of Website (2021). Heracles. GreekMythology.com Website. https://www.greekmythology.com/Myths/Heroes/Heracles/heracles.html

GreekMythology.com, T. Editors of Website (2021). Hermes. GreekMythology.com Website. https://www.greekmythology.com/Olympians/Hermes/hermes.html

GreekMythology.com, T. Editors of Website (2021). Hestia. GreekMythology.com Website. https://www.greekmythology.com/Olympians/Hestia/hestia.html

GreekMythology.com, T. Editors of Website (2021). Jason. GreekMythology.com Website. https://www.greekmythology.com/Myths/Heroes/Jason/jason.html

GreekMythology.com, T. Editors of Website (2021). Labours of Heracles. GreekMythology.com Website. https://www.greekmythology.com/Myths/The_Myths/Labours_of_Heracles/labours_of_heracles.html

GreekMythology.com, T. Editors of Website (2021). Orpheus. GreekMythology.com Website.

https://www.greekmythology.com/Myths/Mortals/Orph
eus/orpheus.html

GreekMythology.com, T. Editors of Website (2021). Perseus.
GreekMythology.com Website.
https://www.greekmythology.com/Myths/Heroes/Perse
us/perseus.html

GreekMythology.com, T. Editors of Website (2021). Poseidon.
GreekMythology.com Website.
https://www.greekmythology.com/Olympians/Poseidon
/poseidon.html

GreekMythology.com, T. Editors of Website (2021). Sirens.
GreekMythology.com Website.
https://www.greekmythology.com/Myths/Creatures/Sir
ens/sirens.html

GreekMythology.com, T. Editors of Website (2021). The
Creation. GreekMythology.com Website.
https://www.greekmythology.com/Myths/The_Myths/T
he_Creation/the_creation.html

GreekMythology.com, T. Editors of Website (2021). Theseus.
GreekMythology.com Website.
https://www.greekmythology.com/Myths/Heroes/These
us/theseus.html

GreekMythology.com, T. Editors of Website (2021). Zeus.
GreekMythology.com Website.
https://www.greekmythology.com/Olympians/Zeus/zeu
s.html

Hades (2014) Greek Gods & Goddesses.
https://greekgodsandgoddesses.net/gods/hades/

Hephaestus (2014). Greek Gods & Goddesses.
https://greekgodsandgoddesses.net/gods/hephaestus/

Heracles (2020). Livius.
https://www.livius.org/articles/mythology/heracles/

Heracles in Greek Mythology (n.d.)
https://www.greeklegendsandmyths.com/heracles.html

Hermes (2014). Greek Gods & Goddesses.
https://greekgodsandgoddesses.net/gods/hermes/

Hestia (2014) Greek Gods & Goddesses.
https://greekgodsandgoddesses.net/goddesses/hestia/

History.com Editors (2009). Greek mythology.
https://www.history.com/topics/ancient-history/greek-
mythology

Hunt, J.M. (n.d.)
https://www.desy.de/gna/interpedia/greek_myth/creati
on.html#:~:text=From%20Love%20came%20Light%20
and,to%20man%20out%20of%20darkness

Madeleine (2019). Jason Greek: Who is Jason in Greek
mythology. https://www.theoi.com/articles/jason-
greek-who-is-jason-in-greek-mythology/

Myth of Perseus and Andromeda - Greek myths (n.d.)
https://www.greeka.com/greece-myths/perseus-
andromeda/

Myth of Theseus, the legendary king of Athens (n.d.).
https://www.greeka.com/attica/athens/myths/theseus/

Pandora's box, the Greek myth of Pandora and her box (n.d.)
https://www.greekmyths-
greekmythology.com/pandoras-box-myth/

Poseidon (2014). Greek Gods & Goddesses.
https://greekgodsandgoddesses.net/gods/poseidon/

Quartermain, C. (2019). Suitors of Helen in Greek mythology.
https://owlcation.com/humanities/Suitors-of-
Helen#:~:text=Other%20notable%20names%20that%2
0appear,brother%20to%20Ajax%20the%20Great

The creation of the Milky Way in Greek mythology (n.d.)
https://www.greeklegendsandmyths.com/the-milky-
way.html

The Greek gods: Full list and background (2020).
https://greektraveltellers.com/blog/the-greek-gods

The labors of Theseus (2020).
https://www.greeklegendsandmyths.com/labours-of-
theseus.html

The myth of Theseus and the Minotaur (n.d.)
https://www.greekmyths-greekmythology.com/myth-of-
theseus-and-minotaur/

The Sirens in Greek mythology (n.d.)
https://www.greeklegendsandmyths.com/the-
sirens.html

Theseus and the Minotaur- Greek mythology (n.d.)
https://sites.google.com/site/basicgreekmythology/hero
-s/theseus/theseus-and-the-marathonian-bull

Typhon-the father of all monsters (2017). Greek Gods and
Goddesses.
https://greekgodsandgoddesses.net/gods/typhon/

www.ingramcontent.com/pod-product-compliance
Lightning Source LLC
Chambersburg PA
CBHW070937120626
46546CB00004B/1438